本当の自分とつながる瞑想入門

山下良道
スダンマチャーラ比丘

河出書房新社

どこまでも青く、澄み渡った空を想像してください。
あなたは、そんな晴れやかな青空のような存在です。

このように言われたら、どう思うでしょうか。

毎日、四苦八苦している私が青空だなんて、とても思えない。
そう感じるかもしれません。

たしかに、生きていれば悩みや心配事は、次々に湧いてきます。
あっという間に空を覆い尽くす黒い雲のように。

でも、気づいて欲しいのです。
その雲は、あなたではありません。

あなたを苦しめる雲を突き抜けると、
そこには、晴れ渡った空が広がっています。

それが、本当の「あなた」です。
これは、あなたが
青空である「本当の自分」に出会うための本です。

はじめに

日頃私たちを苦しめ、迷わせる「悩みのタネ」は尽きることがありません。

しかし、その悩みが生まれる構造をよく見てみると、ひとつのことがわかります。

すべての悩みは、「自分の心」によって生じているということです。

瞑想は、その本質を見抜くことで、心を自由にする力を持っています。

誰にも頼らず、お金もかけず、つらく長い苦行をすることもなく、自分自身で、自分の心をすこやかに保つ方法。それが、瞑想です。


仏教の開祖であるお釈迦様は、約2500年前、瞑想によって心の苦しみを解く真理を発見しました。それ以来、数多くの僧侶や一般の人々が、仏教の伝えてきた瞑想を世界中で実践し続けています。

それは、なぜか。瞑想が生きていくために役立つからです。

瞑想は、日常生活を変える力を持ちます。

日常生活を変えるとは、人生を変えるということです。

瞑想が人生の一部になれば、もう息の詰まる毎日を生き続ける必要はありません。今よりもずっとのびやかな心で、自分や周囲を幸せにする生き方を選べるようになります。


「でも瞑想って、むずかしいのでは？」と、思うかもしれませんね。

それは、誤解です。初めての人でも、基本的な手順とコツをつかめば、15分もあれば瞑想をおこなえます。瞑想がもたらす心や体の変化を自分自身で体験できます。

一定の手順に従っておこなえば、誰もが悩みや迷いから抜け出し、本来の能力や資質をいきいきと発揮するための助けとなるのが瞑想なのです。


なぜ、このように確信を持って言えるのか。

それは、私自身が瞑想によって、生きることへの疑問や苦しみに対する答えを得てきたからです。また、私が指導する方たちの人生が、瞑想で大きく変わる姿を目の当たりにしてきたからです（10ページから体験談をご紹介しています）。

現在私は、鎌倉にある一法庵というお寺を拠点に、国内外で瞑想指導をしています。私が日々指導している瞑想は、三十数年をかけて世界各地で仏教の伝統を学び、瞑想修行に取り組んできた結果、結実したものです。

とりわけ、大学卒業後に入山した曹洞宗（そうとうしゅう）の坐禅道場・安泰寺と、40代半ばで渡ったミャンマーでのパオ森林僧院の体験からは、それぞれ大きな影響を受けました。

ふたつの伝統の瞑想（坐禅）には、大きな違いがあります。

曹洞宗では、「我々は、すでに仏である」と考えます（日本に伝わる大乗仏教はすべて、この考え方です）。しかし、頭では納得できるものの、20年近く坐禅を実践しても、残念ながら私にはその実感が得られませんでした。

その点ミャンマーでは、それまで仏典に描かれた瞑想体験のプロセスを、すべて体感することができました。ただ、ひとつの大きな疑問が残ったのです。それは、ミャンマーの仏教（テーラワーダ仏教）では、「私とは、煩悩（ぼんのう）のなくなった状態を目指す、今は未熟な存在」だと考えることです。

そのように考えている限り、真の意味で心の安らぎを体験し、悩みや苦しみから自由になることはできないと、私には思えました。なぜなら、どれだけ瞑想しても、自分とは誰かという、根源的な問いに答えていないからです。


では、「本当の私」とは何か。それが、この本の大きなテーマのひとつです。

くわしくは本文に譲るとして、今一言で言うならば、私とは、「青空のように平安で、穏やかな存在」です。

起こる出来事に惑わされず、常に晴れやかな気持ちで生きられる存在です。


「日々悩んでいる自分が、そんな存在だとはとても思えない」と、今のあなたは感じるでしょうか。

しかし、自分自身に対する思い込みを捨てて、まずは坐ってみて欲しいのです。

これからお伝えする瞑想は、曹洞宗の教えとミャンマーで学んだ瞑想を基礎とし、さらにそれを進化させて生まれました。あなたの中にある「本当の自分」、青空である自分とつながるための瞑想です。

瞑想を通して「本当の自分」とつながることによって、迷いや苦しみから自由になった、今までとはまったく違う新しい人生が始まります。


初めての方でもすぐ瞑想できるよう、これから次の5章に分けてお話ししていきます。

1章では、私たちの心が人生にどのような影響を与えているかを見ていきます。

2章で、私たちを悩ませる心のしくみを解き明かします。ここまで読んでいただければ、なぜ私たちが悩みに翻弄(ほんろう)されてしまうのか、すっきりとわかっていただけるでしょう。

その上で、私たちの本質である「青空」について、3章でお話しします。瞑想の実践を学ぶのは、4章です。章末には、実際多く寄せられる質問をQ&A形式にまとめました。

最終章では、瞑想がもたらす新しい生き方についてお話ししていきます。


この本でお話しすることは、あなたが今まで見ようとしてこなかった部分に触れることになるかもしれません。ですから、はじめのうちは、心が抵抗して気分よく読み進めていくことがむずかしい場合もあるでしょう。

しかし、人生を変えるためには、まず現状をきちんと把握することが大切です。

希望は必ずあります。あきらめずに、ぜひじっくりと読み進めていってください。

瞑想をすることによって、常にイライラし、ストレスをためていたあなたは、ゆったりした時間を多く持てるようになるでしょう。緊張しがちだったあなたは、リラックスして人間関係や仕事に向き合えるようになるでしょう。

1週間が始まるのが憂鬱(ゆううつ)で仕方なかったあなたは、穏やかでありながら気力に満ちた月曜の朝を、迎えられるようになるでしょう。

なぜなら、あなたは自分が青空だと実感して生きられるようになるからです。


私は、この本を「気休め」の手段としてお届けするつもりはありません。

あなたを苦しませてきたのは、あなた自身。だから、必ずあなたは、自分で自分を楽にすることができます。瞑想というお釈迦様の「特効薬」を実践することによって。

本気で人生を変える瞑想。本当のあなた自身と出会う瞑想。

それが、この本で私があなたに伝えたい瞑想です。

鎌倉一法庵　山下良道

「青空の瞑想」体験者の声

瞑想を始めた方々の表情は、次第に和らぎ、輝いていきます。その姿を見るにつけ、瞑想が人生を変えることをあらためて感じます。

ここでご紹介する体験談はごく一部です。瞑想による変化はその人によって違いますが、瞑想を続けることで、あなたの毎日は確実に変化していくでしょう。

瞑想すると、心身が整うように感じます。そうすると、会社の人間関係や仕事上の問題も、周りの人々が協力してくださりタイミングよく解決していきます。瞑想に効用を求めることはありませんが、結果として効用が現れるように感じます。

（T・Tさん　40代男性　神奈川県）

怒りを感じることが随分少なくなりました。また日常の中で、嫉妬やひがみ、傲慢などの感情が減りました。もし、それらの感情が湧いても、今はほとんどの場合すぐコントロールすることができます。

（S・Tさん 50代女性 埼玉県）

少しの物音でも不安になり、耳栓なしでは眠ることができませんでした。しかし、瞑想を始めて1年目の頃、瞑想中に不安感から一気に解放されるという経験をし、その日以降、横になったらすぐ寝つけるようになりました。今は朝まで熟睡です。また、以前は偏頭痛に悩まされ、痛みの程度に合わせて3種類の薬を常備していましたが、今はほとんど起こらなくなりました。

（Y・Mさん 30代女性 東京都）

数年前の事故のフラッシュバックに悩まされていたのですが、瞑想を始めてフラッシュバック自体が起こらなくなりました。また、悪夢を見た時もその影響を受けず、すがすがしい気分で朝を迎えられるようになりました。

（T・Bさん 40代男性 京都府）

迷いが少ないから判断が速く、仕事も速いので、深夜残業せずにすみます。見るもの、やること、すべきことが的確に選択できます。

（Y・Sさん　40代女性　東京都）

瞑想の世界がこんなに豊かだったなんて！　こんなに面白い世界があったなんて、こっちにきて本当によかったです。世界を味方につけちゃったという感じです。

（R・Iさん　30代女性　東京都）

自分でも信じられないくらいに仕事の効率が上がり、現状を冷静に分析する時間を確保でき、睡眠時間も増えました。これまでの私は、忙しさに満足して自分を追い込み、また、追い込まれることを望んでいたのだと気づきました。仕事はつらいものだという前提で、それを乗り越えようと自分に負荷をかけるよりも、自分が自分自身を完全に把握している状態を維持し続けることのほうが、よりよい成果を生み出せるのだとわかり、仕事に対する姿勢が一変しました。

（K・Kさん　30代男性　バンコク）

瞑想を始める前は、自分を含めたすべての人に、常に怒りを抱えていました。とりわけ夫との関係は長年の不満が溜まり、最悪でした。瞑想が日課になるにつれ、不甲斐ない自分を受け入れ、夫をはじめ家族とより良い関係を築き直すことができました。

（M・Nさん　40代女性　東京都）

日々瞑想を続けるなかで、人間関係が確実によい方向に向かうことを感じています。特に、慈悲の瞑想（パート2）の効果は大きいと思います。親をはじめ、周囲の人からたくさんの慈悲をもらって育ってきたことを実感し、今度は自分からたくさんの人に慈悲をあげたいという気持ちが強くなりました。

（K・Hさん　50代男性　三重県）

他者に対する恐れがなくなりました。だからといって傲慢になるわけではなく、他者の良いところを見ることができています。自分の心を他者に対してパカッと開いて、魂の交流ができている。そして、今の僕は「今の僕」にパカッと開かれている。どこかで絶対に揺るがない何かを感じています。自信……自らを信じることの意味がわかった気がします。

（K・Nさん　20代男性　神奈川県）

本当の自分とつながる瞑想入門

目次

第2章 生きづらさの原因は、相手ではなく自分にある

第3章
体の感覚を取り戻し、マインドフルに生きる

第4章
青空につながる瞑想

第5章 瞑想によって、本来の自分を生きる

第1章

なぜ、毎日が
こんなに息苦しいのか?

悩み多き人こそ、豊かな未来を持っている

多かれ少なかれ、生きづらさ、息苦しさを感じている。これが、現代の私たちです。

たとえば、1日の仕事を終えて家路につく時、あるいは家事や用事をこなしている時、あなたが何気なく考えていることを思い出してみてください。

身もフタもない話ですが、その大半はネガティブなことではないでしょうか。

「あの上司のせいで、損ばかりしている」

「子ども（パートナー）は、どうして私の言うことを聞いてくれないのだろう」

「あんな言い方はないよね、本当にむかついた」。

……あるいは、心に浮かぶのは、不安や迷いかも知れません。

「今日もくたびれたなあ。このままこの仕事を続けていいのかな」

「また失敗してしまった。どうして、自分はこんなにダメなんだろう」……。

今日1日、頭の中で繰り返してきた「おしゃべり」を、ポジティブなものとネガティブなものに仕分けしてみたら、そのほとんどがネガティブなことだった。そんなことも、めずらしくはないはずです。

苦しさの正体を、真っ直ぐに見る

「いえ、私はそんなに暗くはありません。いつも明るくがんばってます」と言う人も、いるかも知れませんね。

たしかに、悩みごとにかかりっきりになっていたのでは、社会生活は成り立ちません。多くの人は自分を励ましながら、日々仕事し、学び、暮らしているでしょう。

でも、夕刻の満員電車に揺られている乗客の顔を思い浮かべてみてください。どんな表情をしていますか？　みんな疲れて、無表情なのではないでしょうか。

きっと昼間は、どの人も営業スマイルを浮かべ、仕事をしていたはずです。人前では不機嫌な顔をしないように、気を遣っていたはずです。

しかし、誰に見られることもない電車の中では、「素」の自分、正直な精神状態が出てしまう。あの表情に、私たちが普段自分の中に抱え込んでいるもの、本当は迷い、悩んでいる心が現れているように思えてなりません。

そのような自分の心に疲れ切ってしまった。いつも悩んでいる人生なんて、もううんざりだ。

もし、あなたがそう考えているのなら、ラッキーだと私は思います。

自分の苦しみから目をそらさない人、悩み多き人生から抜け出したいと切に願う人ほど、これから変わるためのエネルギーを持っているからです。

そして、自分が本気で望めば、今後どのようにも変わることができるからです。

ただしそのためには、正しく自分の現状を見て、本当に効く処方箋を手にしなければなりません。

ですからこの章では、今私たちが抱えている苦しさについて真っ直ぐに見ていきます。

これから、今まで気づかなかった心のしくみが少しずつ見えてくるでしょう。時には、見たくない部分もあらわになるかも知れません。でも、「治療」の前には、まず自分の病状をありのままに把握することが重要です。まずは、自分自身を本当に知ることから始めていきましょう。

「イライラ」や「ムカムカ」が、あなたに教えてくれること

たとえば、レジの行列がなかなか進まない時、イラッとしてしまう。

道を歩いていて人とぶつかった時、ムカッとしてしまう。

こんなことはありませんか？

本来であれば、レジは数分も待てば済むことですし、人とぶつかったのであれば、会釈をして通り過ぎればいいだけのことです。でも、ついイラッとしたり、ムカッとしたりしてしまう。その後しばらく、悪い気分が尾を引いてしまう。

それはなぜか。

私たちが日頃、自分の中にイライラやムカムカの原因をため込んでいるからです。

人間関係、将来や健康への不安、お金や物への執着、現状への不満……。ありとあら

ゆることが、私たちの心を悩ませます。それが、私たちの心を基本的にネガティブなものにしてしまう。これを、私は「マイルドなネガティビティ」と呼んでいます。

普段の私たちは、さまざまな気晴らしをして、自分の中に蓄積されたマイルドなネガティビティをなんとかごまかし、感じないようにしています。

ところが、それにも限界があります。ですから、ちょっとした刺激によって、それらは、苛立ち、不機嫌、心配、後悔などの感情となって現れます。時には、強烈な怒りや恐怖となって湧き上がってくることもあります。

しかし私は、イライラに代表されるような**ネガティブな感情を素直に感じることは、とても大事なことだと考えています。なぜなら、それらの感情は、あなたが「本来の自分」から切り離されていることを教えてくれている**からです。

あなたの「デフォルト」は正常？

「本来の自分」とは何かについては、後ほどくわしくお話ししましょう。

まずは、「いつもどこかしら不機嫌」「なんとなくイライラ」「なんだか憂鬱」このような状態が、決して私たちにとって「正常」ではないこと。イライラやムカムカが、「今あなたの心は異常な状況にあるよ」と警告していることに気づいてください。

「でも、人間なのだから時にはイライラするし、機嫌の悪い時だってあるよ」

そんな声が聞こえてきそうですね。

たしかに、そう思うのも無理はありません。なぜなら、あなたは多分、「不健康」な状態しか知らないのですから。

たとえば、肩こりの人は、常に肩や首が重く、こわばっています。

また、胃腸の弱い人は、胃がいつもなんとなくシクシクし、食べ過ぎや飲み過ぎに注意しなければなりません。それが、肩こりや胃弱の人の「デフォルト」です。

だから、これらの症状を抱えている人は、まったく痛みや不調のない状態を体感することも、想像することもなかなかできないでしょう。

同じように、常に生きづらさや息苦しさを感じている状態。イライラ、クヨクヨしている不機嫌な状態。これが、私たちのデフォルトです。

そんな私たちに、ネガティブな感情がまったくない「健康」な心の状態が想像できないのは当たり前なのです。

私たちは「無駄な抵抗」が大好き

「テンションを上げる」という言葉があります。

たとえば、好きな音楽を聴いたり、おいしいものを食べたり、欲しいものを買ったりすれば、私たちのテンションは上がります。

または、お気に入りのアーティストのライブに行ったり、旅行やレジャーに出かけたりすれば、ハイテンションになれるはずです。実際に、ライブではアーティストが、「テンション上げていこう！」とファンに呼びかけます。

この言葉を聞くと、私は複雑な気持ちになります。

何か特別なことをしてわざわざテンションを上げなければならないほど、私たちの日頃のテンションは低いのだろうかと。

現代の日本には、他にも、ＳＮＳやネットサーフィン、ゲーム、映画鑑賞など気分を紛らわすためのあらゆる方法がそろっています。

ほとんどの人は気づいていないかも知れませんが、「食べること」もテンションを上げるためのひとつの有効な手段です。私たちは無意識のうちに、何かを口にすることで落ち込んだ気分を紛らわすことがよくあります。

本当にお腹が空いているわけではないのに、ついスナックや甘いものに手が伸びてしまうことはありませんか？　もうお腹はいっぱいなのに、「なにかもの足りないから」「おいしいから」と食べ過ぎてしまうことはありませんか？

その時あなたは、食べるという刺激や喜びを自分に与えてストレスをごまかし、気分を高揚させようとしているのです。

どんな気分転換も「つかの間の喜び」に過ぎない

それにしても、なぜ気分を変えなければいけないのか。「ストレス解消」と称して、時間とお金を使い、いろんなことをやらなければならないのか。

それは、これまでお話ししてきたように、我々のデフォルトの気分が限りなくローテンションだから。そして、いやなことばかりをいつもぐじぐじと考えている、そんな状態から抜け出したいからです。

だから多くの人が、高いお金を払って海外旅行に行ったり、行列に並んで遊園地の絶叫マシーンに乗ったり、仕事帰りにお酒を飲んだりして、現実を忘れようとしているのです。けれど、そうやってテンションを上げたとしても、それは、「つかの間の喜び」にしか過ぎません。

もちろん、一時的にはいやなことを忘れるという目的が果たされるでしょう。しかし、デフォルトの自分に戻れば、元の木阿弥です。いつものどんよりした気分が待っています。心を重くさせる日常が待っています。

はりきってコンサートに出かけたり、グルメ雑誌を見ておいしいレストランに行ったり、行列に並んで欲しいものを手に入れたりしても、結局、人生はそれまでとまったく変わらない。だから、さらにさまざまな手段を使って気分を紛らわせ、1日1日をやり過ごしていくしかない。それが現実です。

つまり、私たちが気分転換のためにやっていることはすべて、「無駄な抵抗」に過ぎないというわけです。

対症療法から、人生の舵切りへ

それでも、常識から逸脱しない方法でとどまっている限りは、表面的には滞りなく日常生活を送れるでしょう。

しかし、いったん心の均衡を崩してしまうと、そうはいきません。自分のつらさをごまかすために、さまざまなものに依存し始めます。アルコールやギャンブル、買い物、時にはドラッグにさえ、手を出してしまう人もいます。

また、思いつめたあげく、暴力で人を傷つけたり、犯罪に走ってしまったりする人さえいます。苦しみから解放されたいと思いつめると、人は極端な行動に出てしまうこともあるのです。

これでは、あまりにも悲しすぎませんか？

「対症療法」でごまかすのはもうやめましょう。冷静にその苦しみを生み出す原因を探り、そこから真に解放される方向に人生の舵を切っていくこと。いわば病根を探り、根本的な治療を始めること。これが大切なのです。

あなたを傷つけている「犯人」は、いったい誰？

では、私たちを苦しませている原因は、何でしょうか？

不愉快なことを言ったあの人のせい、イラッとさせられたあの出来事のせい、自分が置かれている環境のせい、時代や社会のせい……。このように考える人は多いでしょう。

私はこれまで、世界各国で生活してきました。また、現在も国内外の各地で、瞑想会を開いています。行く先々でさまざまな乗り物に乗り、レストランやカフェなどに入りますが、聞こえてくる会話の傾向は、世界のどの町でもほぼ同じです。誰かや何かの悪口やグチなのです。

「〇〇って、ひどいよね」「〇〇のせいで、こうなったんだ」「〇〇さえ変われば、幸せになれるのに」……。

なぜ、誰かや何かのせいにしてしまうのでしょう。

そうすれば、問題の本質を見なくて済むからです。人のせいや環境のせいにして相手を責めれば、自分に矛先を向ける必要はなくなるからです。

しかし、それではいつまで経っても、状況を変えることはできません。それどころか、自分で自分の心を苦しめることになってしまいます。何かを攻撃したり非難したりすれば、当然自分も嫌な思いをすることになります。すると、相手だけでなく自分自身もダメージを受けてしまうのです。

お釈迦様の言葉に、次のようなものがあります。

人が生まれたときには、実に口の中には斧（おの）が生じている。
愚者は悪口を言って、その斧によって自分を斬り割くのである。（スッタニパータ657）
『ブッダのことば』中村元 訳（岩波文庫）

苦しみから解放されたいと願うあなたは、無意識で誰かや何かを批判しているかも知れません。しかし、そうすればするほど、あなた自身を傷つけていることになるのです。

あなたは「被害者」か、それとも「加害者」か

では、あなたを苦しめ、嫌な気持ちを作り出しているものは、何か。
それは、他ならぬ「あなたの心」です。お釈迦様は、こうおっしゃっています。

ものごとは心にもとづき、心を主とし、心によってつくり出される。
もしも汚れた心で話したり行なったりするならば、苦しみはその人につき従う。
——車をひく（牛）の足跡に車輪がついて行くように。（ダンマパダ1）

『ブッダの真理のことば 感興のことば』中村元 訳（岩波文庫）

「まさか、自分で自分を苦しめるわけがない！」。そんな声が聞こえてきそうです。
今まで、自分の心をじっくり観察する習慣がなかったのですから、それは当然のことでしょう。しかし、「つかの間の喜び」ではなく、本当の喜びや安らぎを手に入れようと思ったら、現実をしっかりと認識することから始めなければなりません。

「○○のせいで、私は苦しめられている」と思い続けるのか。それとも、自分自身の心が問題だと覚悟を決めるのか。ここに、瞑想を始める際の大きなポイントがあります。

自分が加害者だと認めるところがスタート

もし自分の心の状態が、自分以外の要因によって決められていると考え続けるなら、あなたの人生にとって、瞑想は意味を持つことはないでしょう。「被害者」であり続ける限り、あなたは自分以外の何かを責め続け、グチをこぼし続けるしかありません。

自分の心を苦しめているのは、自分。そう気づいたところから、瞑想への取り組みが始まります。その時にのみ、瞑想があなたの助けになります。なぜなら、自分が自分に対して「加害者」なのであれば、自分の意志で加害者であることをやめられるからです。

あなたは今まで、自分は「被害者」で、犯人はどこか別のところにいると思っていたかも知れません。なんとかして犯人を捜してやっつけよう、告発しようと、躍起になっていたかも知れません。でも、もうその必要はありません。

あなたが、自分で自分の体をつねっていたその手を放せばいい。それだけだからです。

「心配の対象」と「心配する心」を分けて考えよう

私たちが心の中で抱くネガティブな感情について、もう少し見ていきましょう。

ネガティブな感情の代表に、「心配」があります。

「心配」は、日々フツフツと心に湧いてきます。

「今回のプロジェクトはうまくいくだろうか」「最近体調が悪いけど、大きな病気かも知れない」「ローンの支払いはできるだろうか」……。

私たちは、そうやって常に心配の種を見つけては、せっせと水をやって大きくしています。健康や経済状態、将来への不安、明日の天気、個人的なレベルから社会状況まで、その心配の種は尽きることはありません。

あなたは、その原因が「心配の対象」にあると思っていませんか？

「この問題さえ解決すれば、心配する必要はなくなるのに」と考えていませんか？

しかし、どんなにがんばっても、自分以外のものをコントロールすることはできません。きっと、それはあなたもよくわかっているはずです。

あなたは今まで、必死で問題を解決しようと努力してきたでしょう。でも、その努力が実を結ぶことは少なかったはずです。たとえ運よく心配事がひとつ解決したとしても、すぐに、新たな心配がムクムクと湧き上がってきたはずです。

仏教では、**苦しみをもたらすのは、「心配の対象」ではなく、「心配する心」そのもの**だと考えます。先ほどお話しした通り、自分の心がすべての原因だととらえるからです。「心配の対象」は、コントロールできません。しかし、自分の心であればなんとかコントロールの範囲内です。そう考えれば、少しは心が明るくなりませんか？

心配をむりやり押さえつけたり、心配から目をそらしたりしても、何の解決にもなりません。「心配する心」がある限り、自分から心配の種を見つけて育ててしまうからです。

では、どうすればいいのか。

それは、心配を手放すこと。心配する心そのものを変えてしまうことです。そのために、瞑想がもっとも有効な手助けとなるのです。

悩みの原因は、すべてふたつに分類される

自分自身が悩みや心配事を生んでいるとわかったら、もう怖くありません。

自らの意志の力と決断によって、また、瞑想という「薬」によって、自分を傷つける「犯人」であることをやめられます。

そのために、悩みや心配事そのものについて、もっとくわしく見ていきましょう。

100人の人がいれば、100通りの、いやその何倍もの悩みや心配事があります。

実は、それらはすべて、ふたつに分類することができます。

ひとつは、「過去」から来るものです。

「あの時、あの人のせいで傷つけられた」「あのショックだった出来事が忘れられない」

「あの日、○○していれば……」「あの時、○○していなければ……」。

過去の出来事から自由になれず、私たちは何年後、何十年後でも苦しみ続けます。

すでに終わったことなのに、それらを何度も思い出し、怒りや後悔、悲しみを繰り返し味わい続けます。

事故や犯罪に巻き込まれた人が、フラッシュバックに悩まされることがありますが、同じように、誰もが「ゆるやかなフラッシュバック」に悩まされているのです。

もうひとつが、「未来」に対する悩みや心配です。

あなたがいつも心配していることはすべて、「まだ起きていないこと」ではないでしょうか。「上司に叱られたらどうしよう」「事故や災害に遭うかも知れない」「きっと失敗するに決まっている」……。

何かをやろうとした時、それがまだ起きたわけでもないのに、未来のネガティブなシーンがありありと浮かび、身動きが取れなくなった経験は誰にもあるでしょう。

私たちを苦しめる「欲しい」と「怖い」

心に浮かぶネガティブな思いを、別の視点でふたつに分けることもできます。

「欲しい」と「怖い」のふたつです。

私たちが普段考えていることをよくよく突き詰めてみると、結局は、「何かを怖れる」か、「何かを欲しがる」のふたつになるのです。

このふたつは、人間にとって非常に原初的な感情です。「怖い」と「欲しい」に突き動かされながら、人は生きていると言っても言いすぎではありません。

いつもあなたがやっている行動を、チェックしてみてください。このふたつの動機によって行動している自分が見えてくるはずです。

日々働くのは、お金やそれによって得られるものが欲しいから。恋愛をするのは、愛して欲しいから。旅行やレジャーに出かけるのは、楽しい時間が欲しいから……。

つい心配してしまうのは、傷ついたり損をしたりするのが怖いから。人を陥れたり攻撃したりしてしまうのは、自分がそうされるのが怖いから。他人に親切にするのは、嫌な人と思われるのが怖いから……。

どうでしょう。思い当たるところはないでしょうか。

「幽霊」の正体を見破れば、怖くない

「欲しい」と「怖い」は、「未来」と「過去」と深く関係しています。

どういうことかというと、「欲しい」は「未来」に自分を満足させるものを求め、執着しているということです。

そして、「怖い」は「過去」に起きた出来事、また「未来」に起こるかも知れないことにとらわれているということです。

つまり、さまざまな悩みや心配事に煩(わずら)わされているように見えても、本質は非常にシンプル。結局は、**どんな問題であれ、過去や未来に振り回されているだけ**なのです。

物事の本質を見抜けば、もう怖れることはありません。

その時、私たちはとらわれから一歩出て、自由に向かって進んで行けます。

たとえば、窓の外を横切った影が幽霊かも知れないと思っている時は、ただジッとして、怖ろしい妄想を膨らませるしかありませんね。

でも、勇気を出して窓の外を覗(のぞ)いてみると、それは近所の猫だった。そう見破ってしまったら、怖れはその瞬間に跡形もなく消え去ります。

これが、正しく物事を見るということです。仏教では、これを「正見(しょうけん)」と言います。

このような見地に立てた時、初めて智慧(ちえ)が働き始めます。

私たちは、自分が上映している「映画」にだまされている

私たちの頭の中では、「過去」と「未来」が見せるドラマが生々しく展開していきます。それは、まるで映画のようにリアルです。

映画館のシートに座った私たちは、スクリーンに登場する人物に感情移入し、ハラハラドキドキしながらストーリーを追いかけますね。そして、話の展開に一喜一憂し、時に笑い、涙します。

同じように、私たちの頭の中では、自分が作成した「映画」がいつも上映されています。「ああでもない、こうでもない」と未来のストーリーを思い浮かべたり、「あの時は、こうだった」と過去の記憶を反芻(はんすう)したり、1日中大忙しです。

たとえば、映画が質の悪いB級作品だったとしたら、「なんだ、つまらない映画だ

な」と思い、我を忘れて映画の中にのめり込むことはできません。

しかし、それがよい映画であればあるほど、それがまるで現実であるかのように感情を揺さぶります。自分が主人公になったかのごとく、これが映画だということをすっかり忘れさせ、ストーリーに没頭させます。

人の脳内で繰り広げられる映画も真に迫っています。映画であることを忘れさせるほど、極めて上質です。単に、自分が過去の出来事を思い出し、未来の心配をしているだけに過ぎないのに、それが現実であるかのように思わせる力があります。

具体的にお話ししましょう。たとえば、あなたの体調がこのところ思わしくなかったとします。すると、脳内の思考はこうなります。

もし悪い病気だったらどうしよう。手術しなきゃならないかも。入院中の仕事は誰に代わってもらおう。入院費はどのくらいかな。それでも治らなかったら、どうすればいいんだろう……。

思考はストーリー仕立てで展開し、たいていは悪いほうへ悪いほうへと転がっていきます。

脳内で上映される映画は、たいていこのように人に怖れや不安を抱かせるのです。

過去と未来のフィクションが上映される脳内映画館

冷静に見れば、それは単なる妄想であり、フィクションに過ぎません。

しかし、過去の映画は、何年も前の出来事でさえも、あたかも今それを体験しているかのように感じさせます。そして、私たちをずぶずぶとストーリーの中に引き込みます。

未来の映画も同じです。まだ起きるとは決まっていないのに、すでに起きてしまったかのように頭の中で勝手にストーリーが展開し、私たちはパニックになったり焦ったりします。さらに面倒なことに、私たちは同じストーリーを繰り返し再上映しています。

映画館の白いスクリーンに映っているのは、ただの光の粒でできた映像に過ぎません。同じように、脳内映画館で上映されているのは、私たちの心が作り出した幻想に過ぎません。客観的に見れば、わかることです。

しかし私たちは、自分が勝手に上映している映画にすっかりだまされているのです。

その映画には、3つの特徴があります。その特徴をこれからお話ししていきましょう。

「映画」は、あなたの現実を変えてしまう

ひとつ目の特徴は、脳内で上映される映画が、私たちの生活に影響を与えるということです。

どんなに怖い映画を見ても、それが単なる幻想で終わればまだ問題はありません。しかし困ったことに、私たちは、過去や未来の映画が、リアルな世界で現実化するような行動を、ついとってしまいがちなのです。

たとえば、受験生がいたとします。

志望の大学に受かるかどうか、それは誰にもわかりません。しかし彼の中には「もし、落ちたらどうしよう」という不安や心配が湧いてきます。そして、自分が不合格になった場面をまざまざと思い浮かべます。「受験に失敗してしまう」という映画の始まりです。

一度上映が始まったら、まるで目の前でその光景を見ているかのように、不合格だったシーンや絶望感がありありと感じられます。

「合格したい」という気持ちが強ければ強いほど、それは恐怖とも言えるような感情を湧き上がらせるでしょう。

その結果、どうなるか。映画を本当のことのように受け取り、不安に打ちのめされて勉強が手に付かない。気持ちばかり焦って集中できない。そんな現実が作られます。

当然、成績不振に陥り、さらにバージョンアップした映画が繰り返し上映される。そういった悪循環に陥ってしまいます。そして最終的には、結局、本当に合格できなかったというリアルな現実を作り出してしまうのです。

ファンタジーを本物だと信じ込む私たち

現実に影響を与えるのは、未来の映画ばかりではありません。

過去の映画も、私たちの行動に影響を与えます。

たとえば、あなたがある駐車場で車をぶつけ、傷つけてしまったとしましょう。

すると、その後駐車するたびに、車をぶつけたシーンがチラッと頭の中をよぎります。すでに終わったことなのに、「あの時のように、また失敗するかも知れない。また修理費がかかって……」と、憂鬱なストーリーが始まります。

そのため、慎重になりすぎて必要以上に駐車に時間がかかったり、時には、またぶつけたりしてしまう。あるいは、わざわざもっと駐車しやすい遠い場所に止めることになったり、運転そのものが億劫(おっくう)になったりしてしまうのです。

特定の物事や人物に対して苦手意識を持っている人は、過去の映画の影響を受けていると言っていいでしょう。

映画自体は、自分が作った単なるファンタジーに過ぎません。

なのに、映画が本物だと信じ込むことによって、このように現実が変わってしまいます。まずそのことに、私たちは気づく必要があります。

こんな悪循環から自由になるために、残りふたつの性質について見ていきましょう。

無意識に、自分を傷つけ続けている

2番目の特徴は、映画は勝手に暴走するということです。

一度上映し始めたら最後、映画のストーリーはとどまるところを知りません。

たとえば、あなたに好きな人がいて、告白したいと思ったとします。同時に、頭の中では未来の映画が上映され始めるでしょう。

「どんな方法で、告白しよう」「どんな言葉で思いを伝えよう」。

シミュレーションを始めると、妄想は止まらなくなります。

「もしかすると、断られてしまうかも知れない」「笑われたらどうしよう」。

不安はどんどん増殖していきます。そうやってあれこれ考えるうちに、まだなにも起きていないのに、まるですでにふられてしまったかのように、あなたは振り回され、傷ついてしまうでしょう。

暴走した映画が傷つけるのは、あなただけではありません。

家族やパートナーを、あるいは部下や親しい人を、こんなふうに責めたことはないでしょうか。

「あなたは、いつもこうなんだから！　そういえば、前にもこんなことがあったよね」

「どうして、いつも同じことばかりするの？　何回言ったらわかるの？」。

本来なら、その場で起きたことについて話し合い、解決に向けて対処していけばいいのです。しかし、わざわざ過去のことを持ち出して感情的になってしまう。

なぜこのような言い方をしてしまうかというと、あなたの頭の中で、過去の映画が暴走しているからです。これでは、問題が解決するわけがありませんし、建設的な人間関係も生まれません。相手を怒らせたり、傷つけたりするだけです。

ネガティブな感情は、ささいなきっかけで爆発する

それが、相手と関係のある映画ならまだわかります。しかし時には、目の前の相手とはまったく関係のない映画のせいでイライラして、八つ当たりする。そんなことも少な

くありません。

映画は常にとめどなく展開し、あなたを嫌な気持ちにさせています。すると、心の中にはネガティブな感情がたまっていきます。それが、ちょっとしたきっかけで爆発してしまうのです。

子どもをヒステリックに叱っている母親や、ささいなことで激昂しクレームをつけている客などは、たまりにたまった感情のはけ口を身近なところで爆発させている例です。

このような態度は、相手を傷つけるだけではありません。その人自身も決定的に傷つけていきます。**自分の言動を一番身近で受け止めているのは、自分自身**ですから。

他人が近づいてきて、あなたを傷つけるなら話はわかります。

ところが誰あろう、あなた自身がひとりで暴走し、自分で自分にナイフを突きつけ、悩んだり苦しんだりしている。そんな「自傷行為」を繰り返しているのです。このようなバカバカしい事態に、今の私たちは陥っています。

エンドレスに続く映画が、人を追い詰める

それでも、普通は実際の映画と同じように、一定の時間が過ぎれば頭の中で上映が終わり、日常に戻れるものです。

本来なら、怒りも怖れも不安も、24時間コンスタントに続くことはありません。どんな感情も、一定の時間を過ぎれば変化し、おさまっていきます。

でも、人によっては、湧いてきた感情をスルーできない人もいます。そんな人には、その感情が「すべて」で「永遠に続く」ように思えてしまいます。そして追い詰められ、感情に突き動かされて行動してしまうのです。

特に、心の均衡が崩れてしまうと、脳内映画がエンドレスで上映されていくことになります。それが原因で、鬱（うつ）などの症状を発したり、時には自殺や犯罪にまで行きついてしまうことすらあります。こうなると、バカバカしいとは言っていられません。

だからこそ、そうなる前に手を打たなければならない。逆に、正しい理解の上に立ち、正しい手を打てば、必ず状況は変化する。そのことを、ぜひ知っていただきたいと思います。

私たちの見る「映画」の9割はネガティブ

どうせ、私たちが「映画」を見てしまうのなら、ネガティブな映画をやめて、ポジティブな映画や楽しい映画を上映するようにすればいいのではないでしょうか？

そんな質問をよく受けます。たとえば、受験生なら試験に合格する映画を、働いている人は仕事で成功する映画を上映すればやる気が出て、よい結果が得られるはず……。

前向きな考えやいいイメージを持つことで、望む現実を作ろうとするポジティブシンキングと呼ばれる考え方です。

たしかに、そう思うのもわからなくはありません。

しかし残念ですが、実際には不可能です。受験生だったら試験に落ちる映画を、仕事をしているなら「契約に失敗する映画」や「リストラされてしまう映画」を、私たちは必ず見てしまいます（理由は、次の章でくわしくお話ししましょう）。

もちろん、「希望の持てる映画を見よう」と意識すれば、その時は、心がワクワクするような楽しい映画を見られるでしょう。実際に、そういう映画を見るのが得意な人もいます。

けれど、どんなにがんばっても、限界があります。ふとした拍子に、心配や不安、怒りや嫉妬（しっと）が心に忍び込んできます。それは一気に広がって、いつの間にか、明るく楽しかったはずの映画が、いつもの鬱々とした映画にすり替わっていきます。

ロマンス映画が血も凍るホラー映画になり、笑いに満ちたコメディ映画が殴り合いのバイオレンス映画に替わっていくのです。なぜなら、私たちが見る映画は基本的にネガティブだから。

これが、映画の持つ3つ目の特徴です。

映画だと気づけば、自分で終わらせることができる

試しに、普段あなたの頭の中で繰り広げられている映画を思い返してみてください。

その9割は、ネガティブなストーリーではないでしょうか？

たとえば、休日に家族でピクニックに行く計画を立てたとします。本来なら、ウキウキしながら準備をするはずです。

ところが、「雨が降ったらどうしよう」「渋滞は大丈夫かな」「家族ゲンカにならないといいけど」などと、さまざまな心配事が浮かんできませんか?

あるいは、おいしいレストランに食事に出かけたとします。

それなのに、「明日の会議はうまくいくかな」「今日の服装は、このレストランに合わなかったかも知れない」などの考えごとに気をとられて、せっかくの時間が楽しめなかったことはありませんか?

「楽しむために来ているのだから、嫌なことは考えないようにしよう」と思っても、たいていの場合、失敗に終わります。

ネガティブな映画は、何回追い払っても現れる亡霊のように、しつこくよみがえり、まとわりついてきます。そして、私たちを悩ませ、現実に悪影響を与えます。

しかし、それは単なる「映画」であり、幽霊に過ぎません。そのことを見抜けば、対処する方法がわかってきます。

「正しく見ること」が、瞑想の基本となる

先ほど、「正見（しょうけん）」という仏教の言葉を紹介しました。これは、「八正道（はっしょうどう）」という教えのひとつで、お釈迦様が最初の説法で説いたと言われる、仏教の基本的な教えです。八正道は8つの教え（正見、正思惟（しょうしゆい）、正語（しょうご）、正業（しょうごう）、正命（しょうみょう）、正精進（しょうしょうじん）、正念（しょうねん）、正定（しょうじょう））で構成されていますが、第1番目に来ているのが、この「正見……正しく物事を見ること」です。**真理に到達するためには、何よりもまず物事の姿を正しく見ること。**お釈迦様は、これが一番大切だと考えました。

ですからこの本でも、**瞑想を始める前に、私たちの心の様相について正しく見ていく**ことから始めています。ここまで読んで、あなたもきっと自分の心の状態について、新たな視点から見ていくことができたはずです。

では、なぜ私たちが見たくもない映画を上映してしまうのか。そして、どうすればプロジェクターのスイッチを切って、上映をストップすることができるのか。次の章でお話ししていきます。

第2章

生きづらさの原因は、相手ではなく自分にある

なぜ、私たちはネガティブな「映画」をやめられないのか

自分で望んではいないのに、ネガティブな映画を自作自演することをやめられない。今日こそ、つらい映画ではなく楽しい映画を上映しようと努力しても、いつの間にか、いつもの悲しかった思い出やつらかった記憶にすり替わっている。

それは、なぜか。一言で言えば、「映画を生み出す私たちの心が、そもそもネガティブだから」です。

私たちは例外なく、苦しみを自らすすんで生み出してしまう心、自分で自分を台無しにしてしまう心を持っています。どんな立場であれ、どの民族であれ。あるいは、どれほど恵まれた環境に育っても、外から見れば何不自由ない境遇にいても……。

まさか、と思うでしょうか。しかし、少し観察するだけで、私たちの頭の中では、ネ

ガティブな映画ばかり上映されていることを認めざるを得ないのではないでしょうか。

その理由は、私たちの心に「ネガティブな映画プロデューサー」がもれなく標準装備されているから。そして、そのプロデューサーがすべての上映作品を企画し、製作しているから。これが、事実です。

心の中の悩みや苦しみを生み出す映画プロデューサーの存在を、エゴ（自我）と言います。エゴは、非常にやっかいな存在です。さまざまな手口で、私たちを孤立させ、悩ませ、苦しませます（世界中のあらゆる宗教が、このエゴとどう向き合うかを教えているといっても過言ではありません）。

残念ながら、エゴが、あなたを幸せにするポジティブな映画を生み出すことはありません。

ポジティブシンキングがうまくいかないワケ

1章で、ポジティブシンキングで映画を変えようとしても、うまくいかないというお話をしました。このことについて、もう少しお話ししましょう。

「過去のことは忘れて、明るい未来を思い描こう」

「自分の意志の力で、自分の将来を拓いていくんだ」。

このように考えて、ポジティブに生きようと努力している人がいます。

たしかに、「暗い映画は嫌だから楽しい映画を見よう」と単純に考えるほうに、心惹かれるのは当然かも知れませんね。

けれど、この戦略が正しいかといえば、NOと答える他はありません。

もちろん、建設的に物事をとらえ、前向きに行動して成果を出している人はいます。

そういう人は、日々奮闘して相当な努力を重ねています。かなりのプレッシャーを強いられています。本来は後ろ向きな心を一生懸命励ましたり、なだめたりしているはずです。そのような「ポジティブ」な生き方を続けた結果、疲労困憊し、精神的に疲れ切っている人は少なくありません。

あえて厳しいことを言わせていただきます。**ポジティブシンキングですべてが解決すると思い込んでいる人は、人間観察が不十分**なのです。

心のしくみをひもといていけば、ポジティブシンキングが、実は私たちに非常に無理を強いる考え方であることがわかるはずです。もともとはネガティブな心を、力尽くで矯正しようとしているのですから。

自分の中に、どうしようもなくネガティブな映画プロデューサーがいることを認めてしまいましょう。そうすれば、無理をして元気にふるまう必要はありません。いい子ぶる必要もありません。どうでしょう。心が少しは楽になりませんか？

アプリではなく、ＯＳの問題

ネガティブなプロデューサーが作る映画を、四六時中見て苦しんでいる。これが、私たちのありのままの姿だと学んできました。

そうであれば、これまでの映画プロデューサー（エゴ）を更迭して、新しくポジティブな映画プロデューサーを採用するという作戦もあり得ます。

ところが、これもうまくいくことはありません。なぜかと言えば、**エゴは、私たちの心のオペレーションシステム（ＯＳ）にあらかじめ組み込まれている**からです。

たとえば、エゴがパソコンのアプリケーションソフトのように取り外し可能なものであれば、解決するのは簡単です。自分を不幸にするエゴをさっさと削除し、心を幸せにするような新しい考え方のアプリをインストールすれば、毎日心穏やかに暮らせます。
しかし、エゴはOSとして機能しています。コンピュータからOSを取り除いてしまえば、それはもうコンピュータではありません。私たちは、自分を悩ませ手こずらせるエゴと、一生つき合っていかなければならないのです。

ポジティブシンキングの他にも、心の問題を解決するためのアプローチは、実にたくさん存在しています。しかし、どんなに有名な精神分析も、最新の心理療法も、優れたカウンセリングも、この事実と向き合わなければ、根本的な解決にはならないでしょう。現実を正しく見ることなく私たちがトライしてきた作戦は、どれも無駄な抵抗だった。そう言わざるを得ないのです。

でも、現状をきちんと見極められれば、事態は変わってきます。もうどんなに嫌な映画でも怖れることはありません。エゴが心のOSに組み込まれているのなら、上手に手なずける作戦を立てればいい。正しくつき合う方法を知ればいい。それだけです。

私たちは、どうしようもないOSを持って生まれついてしまいました。そう認めるところから、本当の「治療」が始まります。この章では、私たちのOSに組み込まれたエゴのプロフィールをくわしく見ていきましょう。

私たちに悪さを働くエゴの正体

前のページを読んで、あなたにはこんな疑問が浮かんだかも知れません。

「そうは言っても人間であれば、当然自分の幸せを追い求めるものではないか」と。

しかし、エゴは決してあなたを幸せにすることはありません。

なぜなら、エゴはネガティブエネルギーの塊であり、自分を存続させるために、「エサ」を必要としているからです。そして、そのエサが、あなた自身のネガティブなエネルギー（感情）そのものだからです。

どういうことか説明しましょう。

あなたが怒ったり、不安になったり、悲しんだりすると、心の中にネガティブなエネルギーが生まれます。エゴはそれを糧（かて）にします。そして、さらに増大していきます。

ですから、エゴはあなたが不幸になるように仕向け、操ります。あなたに幸せになってもらっては困るのです。エサがなくなるからです。

このように書くと、さらに疑問は深くなるでしょう。

「エゴって、そんな悪さをする存在だったの？」と。

「エゴイスト」「エゴイスティック」という言葉があるように、一般的にエゴという時には、利己的な考え方や傲慢（ごうまん）な性格、わがままな生き方を指します。実際、エゴを「周囲に迷惑をかけて、自分の意志を貫かせるもの」ととらえる人も多いでしょう。場合によっては、「ある程度のエゴは必要だ」と考える人もいるかも知れません。

しかし、実はエゴは自分の利益になることを求めないのです。

エゴは常に、より多くのネガティブエネルギーを求めています。その目的のため、ネガティブな映画を脳内で上映し、あなたを否定的な気持ちにさせ、苦しめているのです。


馬のように暴れ、猿のように言うことを聞かない心

エゴによって果てしなく暴走する心を、仏教では「意馬心猿（いばしんえん）」という言葉で表しています。

野生の馬のように止めどなく走り回り、猿のように枝から枝へ飛び移って騒ぎ立て、なかなか言うことを聞いてくれない心。欲や煩悩に惑わされ、常に落ち着きなく不安定な心のことです。英語では「モンキーマインド」、あるいは、思考（シンキング）が止まらないことから「シンキングマインド」とも呼ばれます。

この言葉に表されるように、**私たちは常に「考えること」をやめられません。アルコールやドラッグに依存するよりもはるかに強く、「考えること」に依存し、執着しています。**「これからは心穏やかに過ごそう」「絶対にイライラしないぞ」と決意しても、ちょっとしたことで怒りが爆発したり、クヨクヨ思い悩んだりしてしまう。

その理由は、エゴに操られて猿のように暴れる心、馬のように走り回る心。そして、「考えること」をやめられない私たちにあったのです。

心配や不安を増大させる心のしくみ

想像してみてください。全速力で疾走（しっそう）する馬に「止まれ！」と命令すれば、止まるでしょうか。興奮してぴょんぴょん跳ね回る猿に、「静かにしろ！」と言えば、静かにしてくれるでしょうか。とうてい無理ですね。

このように見てくると、私たちがエゴの存在によって、起きた出来事にいつもネガティブな意味づけをし、心配や不安を増大させているしくみが見えてきます。

たとえば、朝起きて雨が降っていたとします。事実は、単に「今日は空から雨が降っている」。それだけです。

しかし、エゴに乗っ取られた心は、物事をあるがままに見ることができません。すぐネガティブな方向に走り始めます。「嵐が来るかも知れない」「服が濡れたら嫌だな」「雨なのに仕事に行かなきゃならないなんて、憂鬱だ」……。

家を出てからも、一事が万事この調子です。

「嬉しい」「楽しい」と感じることが起きれば、一時的に気分は高揚するでしょう。しかし基本的には、不機嫌さや苛立ちがBGMのように、私たちの心には流れています。また、常に過去や未来にトリップしているので、目の前で起きていることや、やらなければいけないことに集中することもできません。

エゴを装備したOSを持つ私たちが、どんなに一生懸命「明るく物事を考えよう」「自分や人を評価せず、あるがままに見よう」「今ここを生きよう」と意識しても、はっきり言ってすべて無理なのです。努力が足りないからではありません。原理的に不可能だからです。

なぜ私たちが、わざわざ心配や不安でいっぱいの未来の映画を、わざわざ上映してしまうのか。なぜ、過去の嬉しかった思い出でなく、つらかったり悲しかったりした思い出ばかりピックアップして、何度も反芻するのか。

それは、私たちのOSに組み込まれたエゴのしわざだったのです。

エゴの正体が明らかになり、自分の人生がなぜ今まで苦しみに満ちていたか、その理由が腑に落ちたのではないかと思います。

エゴに関する人生最大の誤解

エゴという詐欺師が、あなたに信じ込ませる最大のウソがあります。

それは、エゴが自分自身だと思わせることです。

ウソを信じ込まされ「エゴ＝自分」だと思い込んだあなたは、完全にエゴと一体になり、その言いなりになって生きています。

たとえば、あなたが何かに対して怒ったり、心配したり、恨みを持ったりしたとします。

その時にネガティブな感情を抱いているのは、あなた自身ではありません。あなたのエゴです。

しかしあなたは、それらの感情を自分自身だと誤解してしまいます。エゴが自分であり、エゴが作らせた感情が自分であると勘違いしています。その結果、バカ正直に反応して相手を攻撃したり、自分自身を責めたりして破壊的な行動をとってしまうのです。

その時生まれたネガティブなエネルギーは、エゴの貴重な燃料となります。あなたがネガティブな感情を持ち、燃料を注ぎ込むたびにエゴはどんどん増殖し、力を強めていきます。

ここで、大切なことを確認しておきましょう。

心のOSに組み込まれているとはいえ、あなたとエゴは別物です。これは、しっかり覚えておいてください。これから瞑想をする際の重要なポイントになります。

エゴはあなたを乗っ取るエイリアン

同時に、エゴが悪賢い詐欺師のような存在であることも、心しておかねばなりません。

エゴの巧妙なところは、私たちがエゴの奴隷であると気づかせないところです。

エゴの奴隷になっていたから、いや奴隷になっていることにさえ気づけなかったから、私たちはむやみやたらと苦しまなければなりませんでした。みじめな気持ちでいなければなりませんでした。

本物の奴隷であれば、主人に対して抵抗し、奴隷解放運動を始めることもできます。しかし、完全にエゴと一体になっている私たちは、エゴに抗議することも、エゴを懲らしめることもできません。その発想すら持てないのです。

エゴは、あの有名なハリウッド映画に出てきたエイリアンのように、私たちの体を乗っ取っています。エイリアンに入り込まれたら最後、自由を奪われ、あなた自身がエイリアンとして生きなければなりません。

エイリアンは、あなたが不幸になるのが大好きです。ですから、体を乗っ取られている限り、自分を幸せにするような選択は決してできません。だからこそ、ここで「エゴと自分は別物である」と、はっきり理解しなければならないのです。

エゴが一番怖れているのは、「エゴは自分ではなくエイリアンだ」とあなたに見破られること。あなたに距離を置かれることなのですから。

エゴと自分は別物であるときちんと認識するためにも、エゴの存在についてしっかり見極めましょう。

目の前の相手とあなたは、本当に出会っているか

以前、このような質問をいただきました。

「私は過去や未来のせいで、苦しんでいるわけではないのです。目の前にいる相手が、いつも私を苛つかせ、悩ませるのです。どうすればいいのでしょうか」

遠い過去や先の未来ではなく、たった今、自分のそばにいる相手こそ問題なのだ。私の心を煩わせるこの人との関係さえ解決すれば、心が楽になれるのに……。

そう考える方は少なくありません。しかしこの場合も、問題なのは相手ではなく、あなた自身です。あなたの過去の記憶です。

そして、あなたに過去の映画を見せているのが、エゴの存在です。

お伺いします。あなたは目の前の人に対して、何の先入観もなく、いつも真っさらな

状態で向かい合えているでしょうか。

決してそうではないはずです。家族やパートナーなど親密な間柄であればあるほど、私たちは「無心」で相手と向き合うことがむずかしくなります。

関係が濃い分だけ、お互いの間に過去さまざまなドラマが展開されてきたからです。

人間関係をややこしくするのは、過去の映画

たとえば、パートナーがあなたに何気ない一言を投げかけたとします。

相手はあなたを批判したり、怒らせたりしようとして言ったわけではありません。それなのに、あなたは自分が責められているように感じてムッとしてしまう。

あるいは、それがいい加減な態度に見えて、イラッとする。そして、言い争いに発展してしまう。こんなことがあるはずです。これには、明確な理由があります。相手と接する時、無意識のうちにあなたが過去の記憶を総動員しているからです。

だから、パートナーは何気なく言っただけなのに、相手との嫌な思い出にスイッチが入り、過去の映画が始まる。今まで言われた嫌なことを、あれこれと思い出してしまう。

これが、相手に悪気はないのにひとりで反応して、不愉快になってしまう理由です。

人と向かい合う時は、誰もがお互いに、自分自身の過去の映画を上映しながら接しています。ですから、あなたが逆の立場になることもあるでしょう。

相手が自分とは違うストーリーを上映していること。そのせいで、相手に対する認知がすでにゆがんでいること。このふたつを意識しなければ、夫婦関係をはじめとする親密な相手との関係は、かなりややこしいものになってしまいます。

初対面でも、先入観が邪魔をする

自分が相対する人と、今この瞬間の真っ白な状態では出会えていない。これは、友人関係や職場など、どんな人間関係にも当てはまります。

でも、まったく初対面の相手なら、それまでの関係がないのだから、先入観なくつき合えるはず。そう思うかも知れません。ところが、初対面の人に会う時でさえ、私たちは純粋にその人自身と向き合うことができないのです。

まず私たちは、その人の見た目や話し方、あるいは、社会的地位や年齢など、さまざまな条件を、過去のデータベースと照らし合わせます。そして、「この人は、きっとこういう人に違いない」と推測し、あるいは決めつけ、対応を決めていきます。

もし相手が、自分の親しい人や自分の好きな人に似ていたとしたら、きっとあなたはその人に好意を抱くでしょう。逆に、過去にあなたを攻撃したり、嫌な目に遭わせたりした人を思い出させるとしたら、警戒し距離を置くでしょう。

どんな時も偏見や先入観のないピュアな状態で人と向き合えれば、人間関係の悩みは激減するはずです。しかし、このように見てくると、それがかなりむずかしいこともわかります。

ただし、私たちがエゴによって、ゆがんだ人間関係を結んでいるのだという認識があるだけで、心のあり方はずいぶん変わってきます。

苦しみの原因は相手ではなく、自分自身にあった。そう気づけば、相手がどんなことをしてきても、関係ありません。ひたすら、自分の心を観て、整えていけばいい。そう覚悟が決まるはずです。

そのように心を決めれば、無駄に苦しむ必要はなくなります。たとえ、同じことが起きても、あなたに見える景色は、まったく違ったものになっているはずですから。

嫌な気持ちを100回リプレイしているのは誰か

もう少し、エゴが人間関係にどんな影響を与えるか見てみましょう。

たとえば、1週間前に同僚から面と向かって、あなたの人格を否定するようなひどい言葉を浴びせられたとしましょう。

あなたはとても傷つき、そのことによって今も苦しんでいます。この時、「原因」はひどい同僚に否定的な言葉を言われたこと。「結果」は、あなたが苦しんでいることです。

しかしこれまで見てきたように、仏教では、原因は同僚だけではなく、「エゴを装備した心」も深く関与していると考えます。

同僚にひどい一言を言われたのは、たった1回。しかも、1週間前です。

その後1週間、あなたは何をしていたでしょう。たった一度言われたその一言を何回も繰り返し、心の中でリプレイしていたのではないでしょうか。そして、思い出すたびに同僚を憎らしく思い、腹を立てていたのではないでしょうか。

ここで私たちには、ふたつの選択があります。

ひとつは、「私に何度も嫌なことを思い出させる同僚が苦しみの原因だ。懲らしめてやろう」という結論。もうひとつは、「たしかに、あの人はひどいことを言った。でも、それをわざわざ100回も思い出して、自分で自分を嫌な気持ちにしたのは私自身の心だ」と考える結論。

後者の立場を取るのが仏教です。つまり、苦しみの原因は「嫌なことを100回リプレイしている自分にある」と考えるのです。

あなたに知って欲しいのは、お釈迦様が「100回リプレイしなくても済む方法」をきちんと教えていることです。それは、「絵に描いた餅」ではありません。2500年前から、世界中で多くの人が実践し、伝え続けてきた方法です。

ここまで読んで、「でも、やっぱりあの同僚が悪い。どうしても許せない」と思うなら、本を閉じて、映画の続きを見てください。「その方法って、何?」と興味を持ってくださるなら、どうぞ、先へと進んでください。

智慧を使えば、エゴとのつき合い方がわかる

今まで私たちは、エゴが作り出した映画にどっぷり浸かってきました。

それが、仮想現実に過ぎないことを見破った今、あなたの中で、これまでとは違う智慧が働き始めています。それは、新しい知性と言ってもいいでしょう。

仏教で言う智慧とは、物事の本質を正しく見極める力のことであり、エゴが私たちに見せている白昼夢から覚めること。

そして、**この世のものはすべて縁で結ばれており、自分の意志で世界のしくみを変えられる**と知ることです。智慧をもって物事を見ることで、私たちはきっぱりと悪夢から目を覚ますことができるのです。

エゴは、あなたを被害者だと思い込ませ、加害者捜しに奔走（ほんそう）させてきました。

エゴは、あなたを過去や未来へと引きずり回し、「今ここ」から遠ざけてきました。

エゴは、あなたが物事をありのままに見ることを妨げ、ゆがんだ現実をリアルだと信じ込ませてきました。

これまで、どれだけエゴに翻弄されてきたか。このことに気づいたあなたは愕然(がくぜん)とするでしょう。しかし、がっかりしたり深刻になったりする必要はありません。また、エゴをむりやり消そうとしたり、押さえつけようとしたりする必要もありません。

エゴと格闘しようとすると、また見事にだまされ、エゴにネガティブエネルギーを与えることになります。

エゴのしくみを見抜いて、自由になるために

では、どうすればいいでしょうか。

まず、エゴを自分自身だと思い込むのは、今後一切やめましょう。これも、先ほどお伝えしましたね。

安心してください。今あなたは、まったく新しいものの見方を手に入れたのですから、エゴに支配されていた元の場所に戻る心配はありません。

ただし、気をつけなければならないことがあります。

私たちには、今まで何の疑いもなしに仮想現実を信じてきた長い歴史があります。その歴史によって、考え方のクセがついてしまっています。

これからあなたの中では、元の自分に戻そうというエゴの強い力が働きます。そのため、昔のクセと新しい智慧とのせめぎ合いが、当然起こってくるでしょう。

しかし、そのせめぎ合いを乗り越えていく方法、エゴと距離を置いて不要なクセを手放すための具体的な方法は、これからお伝えできます。それが、4章でご紹介する瞑想法です。

その前に、あなたがどのような場所に立って、この瞑想に取り組めばいいいか。

あなたがエゴではないとしたら、いったいどんな存在なのか。このことについてお話ししていきます。

瞑想を日常に取り入れ、新しい人生を築いていく上で、私があなたにぜひとも伝えたいと思っている核心の部分に、いよいよ入っていきましょう。

第3章

体の感覚を取り戻し、マインドフルに生きる

心の暴走を止める第一歩は、「私とは誰か」を知ること

これまで、私たちの心のデフォルトは、生きにくさを感じている「不健康」な状態だということ、それは、心のOSの問題だということを見てきました。では、そのように「不健康」で、「問題あり」のOSを持っているのが「私」でしょうか？

実のところ、「私」とは誰か。そう問われた場合、あなたは何と答えますか？

ほとんどの人は、「私」とは、「僕」「私」「俺」と頭の中で話している声、「I」や「me」のことだと思っているのではないでしょうか。

もし、それを自分自身だととらえているとしたら、「私」とは非常に不完全で、ネガティブな存在ですね。あなたが1日中、心の中でつぶやいている「声」、言い換えれば、あなたの「思い」は、いつも何かを怖れたり、欲しがったり、くやんだり、怒ったりし

ています。ノンストップで暴走し、映画を上映しています。

しかしそれは、決して「本当のあなた」ではありません。

エゴの声であり、本当のあなたから湧き起こってくる「思い」に過ぎません。

私たちが冒した痛恨のミス

私たちは今まで、致命的な誤解を抱き続けていました。痛恨のミスと言ってもいいでしょう。

それは何かと言うと、自分の「声」や「思い」を、自分自身だと考えてきたことです。

だから、頭の中に湧いてくる「声」がとてつもなく重要なものに見えて、その命ずるまま、右往左往してきたのです。心に浮かぶ怒りや迷いや悲しみがすべてだと思えて、うちひしがれてきたのです。

繰り返しますが、それは「あなた」ではありません。

自分をどのように認識するかは、瞑想の重要なカギとなります。

私とは誰か。それが変われば人生の大転換が起こります。

これまでとは違う、まったく新しい世界へと移動できます。

その世界は、心の声がどんなに暴走しようとしても、穏やかで平和な「私」として存在できる世界です。それは、今まであなたが教えられ、慣れ親しんできた世界とは、まったく違うものでしょう。

あなたが今のままであれば、新しい世界を見ようとどんなに遠い外国に旅しても、結果は同じです。もちろん、そこで接する言葉や文化や風景は違うでしょう。でも、見ているあなたはこれまでと変わらない、シンキングマインドが忙しく動いているあなたなのですから。

私たちはこれまで、「ダメな子ね」と親に言われながら育ったようなものです。だから、あなた自身も「自分はダメだ」と思っていたかも知れません。

でも、あなたは決して「ダメな子」などではありません。親や社会に、あなた自身のエゴに、そう思い込まされてきただけです。それがわかったとたん、あなたの中に新しい「私」が立ち現れてきます。それは、特殊な修行をした末にやっとたどり着ける「私」でもなければ、特別な人だけが知ることのできる「私」でもありません。

この章では、あなたがこれから発見する本当の「私」についてお話ししていきます。

お釈迦様が発見した「ニッバーナ」という青空

現代の私たちについてお話しする前に、お釈迦様の話から始めましょう。

約2500年前、自分自身の生きづらさ、苦しさに、正面から取り組んだ人がいました。それが、お釈迦様です。

お釈迦様は、釈迦族の王子シッダールタとして生まれ、宮殿で何不自由なく育ちました。しかし、シッダールタ王子の心が満たされることはありませんでした。生きることに悩み抜いた王子は29歳で出家し、6年後、ついに苦しみのない世界を発見したのです。

仏教の知識がそれなりにある人は、こう思うでしょう。

「そうそう、お釈迦様って菩提樹の下で悟りを開いたんだよね」

これは、まったくの間違いではありません。しかし、仏教のグローバルスタンダードとして正解かと言えば、実はそうではありません。

日本では、「煩悩を手放し悟りを開くための教え」が仏教だと、理解している人も多いと思います。しかし、日本仏教の最終目的とされる「悟り」は、非常にあいまいな言葉です。

「悟り」とは、人格的に完成された素晴らしい人間になることでしょうか。

あるいは、どんな苦しみも解決できる超人的な能力を手に入れることでしょうか。

明快な答えを持っている人はいないはずです。少なくとも、今の日本で普通に生活する人にとって、「悟り」は絵に描いた餅のようなもの。リアリティがありません。

世界を見渡せば、スタンダードな理解はこうなります。

シッダールタ王子は菩提樹の下で瞑想し、「ニッバーナ（涅槃（ねはん））」を発見し、仏陀（ぶつだ）（目覚めた人という意味）になられました。

ニッバーナとは何か。それは、悩みや苦しみがまったくない世界。すべての苦しみから解放された世界のことです。

日本では、ニッバーナは「涅槃」と呼ばれ、人が亡くなった後に行くところだと考えられてきました。実際にあるのかどうか定かではなく、生きている人間にとってリアリティをまったく感じられないものでした。

しかし、本来のニッバーナは、生きている私たちが実際に体験するものです。このニッバーナにタッチすること。ニッバーナを生きること。これこそが、仏教の目指すものです。そして、ニッバーナへいたる道を示すのが仏教の教えです。

私たちは、「雲」であると同時に「青空」である

悩みも心配事も、不安も迷いも何ひとつないニッバーナを、私は果てしなく広がる真っ青な空にたとえています。

ニッバーナと言われても、私たちには今ひとつ実感が湧きませんね。しかし、どこまでもスカッと晴れ渡った青空なら、簡単にイメージできるのではないでしょうか？　お釈迦様が発見したのは、あの気持ちよく澄んだ青空のような世界だったのです。

ニッバーナは、遠い天上にあるのではありません。お釈迦様や修行を積んだ僧侶だけが発見できて、他の人には永遠に到達できないところにあるわけでもありません。

では、どこにあるのか。それは、あなたの中にあります。

もう少し正確に言いましょう。あなた自身の本質が、「青空」なのです。

「悩みの多い自分が青空なんて、唐突すぎてピンと来ない」と、あなたは思うでしょう。

それも当然です。あなたは、四六時中聞こえてくるエゴの声を、ことあるごとに湧き上がるネガティブな感情を、今まで自分だと思っていたのですから。でも、それがあなた自身でないことは、先ほどお話ししました。

そのように、あなたを悩ませている「声」や「思い」は何なのか。

それは、青空に浮かぶ「雲」に過ぎません。

青い空に浮かんだ雲は、湧いては消え、消えてはまた湧いてきます。時に空が真っ黒な分厚い雲で覆われることもあれば、白い雲が青い空にプカプカ浮かんでいるだけのこともあります。

私たちを悩ますネガティブな感情がどんなに暴れ狂い、あなたを苦しめたとしても、それは単なる雲に過ぎませんでした。しかし、あなたは自分自身を雲だと思い込んでいたから、傷つき、悩み、苦しみ続けてきました。

でも、**どんな嵐の日も厚い雲の上には、晴れ渡った青空が広がっています。**

同じように、どんなに落ち込み、みじめな時でも、あなたの中には静寂に満ちたニッバーナが存在しているのです。

雲に抵抗する努力は無駄に終わる

「なんと、そういうことだったのか！」と驚いたあなたは、こう思うかも知れません。「憎い雲を見つけ次第、さっさと追い払わなければ」「雲が金輪際浮かんでこないように、がんばって修行しなければ」。

しかし、これは間違ったアプローチです。

言い換えれば、雲とはエゴのこと。エゴがもたらすネガティブな感情のことです。ネガティブな感情を生むエゴが、私たちにあらかじめインストールされていることはすでに学んできましたね。

そんな私たちには、これまでふたつの選択しかありませんでした。

ひとつは、自分が雲であると思い込み、何の疑いもなく、その言いなりになって生きる選択です。ほとんどの人がこの選択をし、雲に振り回されてきたはずです。

もうひとつは、自分が雲であることを乗り越えようとして、さまざまな瞑想や訓練、修行を重ねて、必死になって雲を押さえつけようとする選択です。

雲を押さえつけようと訓練する道には、自分が何かしら成長しているという手応えが、少しはあったかも知れません。しかし、結局はらちが明かなかったはずです。

なぜ？　自分が本来は青空であることを理解していないからです。

「私とは誰か」を正しく認識していなければ、雲であるエゴに抵抗しようと何年瞑想しても、どんなに厳しい修行をしても、青空にタッチすることはできません。それどころか、やればやるほど雲である自分を見せつけられ、苦しまなければなりません。

青空であり、同時に雲である「私」

今、私たちが選ばなければならないのは3つ目の選択です。

それは、雲に対する抵抗を手放すこと。「雲なんかいらない。あっちへ行け」と押しやるのではなく、その存在を認めて許すことです。

なぜなら、雲も含めてあなただから。「雲が浮かんでいる空」があなた自身だから。

抵抗を手放すことがどういうことか、具体的な例を挙げましょう。

たとえば、「怒り」という雲が湧いてきた時、「怒りなんか嫌だ」と抵抗したり、むりやり押さえつけたりしたらどうなるでしょう。「怒りに対する激しい怒り」が新たに湧いてきます。その結果、さらに怒りは増幅されます。

でも、「今自分は怒っている」と認めて、「怒りがある自分」を許すのです。受け入れると言ってもいいかも知れません。ただし、怒りのままに行動するということではありません。怒りから距離を置くのです。

そうすると、何が起こるか。それまでとは、まったく違う次元に入っていきます。

そこに広がっているのは、青空です。

もし、今ひとつピンと来なかったとしても、それは当然です。私たちは、雲に対して、そのような向き合い方をしたことがないのですから。たとえ頭では理解できたとしても、すぐに実感を持って、青空をとらえることはむずかしいでしょう。

青空を体感するために、お釈迦様がそうしたように、瞑想を実践していく必要があります。しかし、それは決してむずかしいことではありません。本来私たちは、青空なのですから。

瞑想を実践する前の準備として、「青空とは、雲とは何か」について、そして、青空である私たちの体について、さらに理解を深めていきましょう。

自分の「根っこ」とつながれば、不安は消える

雲として生きていると、とてつもなく自分が弱い存在に思えます。

不安、嫉妬、心配、怖れ、恨み、罪悪感……そんな雲が自分だと思っていると、当然、自分自身を好きになれるわけがありませんね。もちろん、自分を肯定することもできません。

だから雲であるあなたは、つい他の雲である他人が気になり始めます。

それで、人と自分を比べて、「私は、あの雲よりマシだ」と優越感に浸ります。また、「あの雲と並ぶとみじめだ」と劣等感を持ちます。でも、そもそも自分を否定しているのですから、たいていは「自分はダメだ」と落ち込むしかありません。

会社や学校では、雲同士の「横並び」が暗黙の了解で、良しとされる場合もあります。

そこでは、空気を読まない雲や、少しでも他者から抜きん出ようとする雲は、次第に

阻害されていきます。今の日本では、このような状況がいたるところで見られるのではないでしょうか。

逆に、自分がどれほど素晴らしい雲であるかを証明しようと必死にがんばる人もいます。そんな人は、他の雲に勝つことだけに執着し、勝てないとわかった相手の足を引っ張ります。

しかし、しょせん「どんぐり雲の背比べ」。まったく意味のないことです。

自分が嫌いで、自分を大切にできず、人と比較して一喜一憂している。

これで幸せなはずはありません。元気が出るはずもありません。また、自分の持っている能力を十分に発揮することなどできるはずもありません。

イライラ、緊張、自信のなさ……すべて雲のしわざ

本来、これは異常な状況です。しかし、自分だけでなく、家族やパートナーも、上司や同僚、友人たちも、みんな同じ状態ですから、誰も不思議に思いません。

「人生って、こんなもんだよね」「これが人生だからしょうがない」と考えています。

つまり、同じ映画をみんなで見ているわけです。その時、私たちの間には疑似現実が生まれます。それはやがて、リアルな現実として認識されるようになっていきます。

これは、本当に危ういことです。だから、あなたは気づかなければならないのです。これらの特質は、私が青空を見失った結果、得たものだと。

逆に言えば、いつも不機嫌だったり、自信がなかったり、緊張していたりするとしたら、それは、あなたが青空と切り離されている証拠なのです。

ここで特に問題となるのは、不機嫌や緊張の原因が、青空から切り離されたことにあると気づかないことです。

たとえば、子どもが言うことを聞かなかったら、あなたはきっと「子どもが悪い」と考え、イライラして叱るでしょう。怒鳴りつけたくなるでしょう。

でも、イライラするのは、青空である自分を見失っているから。そうわかっていれば、感情的にならず、理性的に対処することはいくらでもできます。原因が子どもにあると思うのか、自分自身だと気づくのかで、やるべきことがまったく変わるのです。

子どもが間違っていることをしていたら、何もしないのではありません。当然叱ります。イライラせずに。

その結果、そこから生まれる関係も、あなたや子どもが負う傷もまったく変わってきます。

このように、雲に過ぎない私が自信を持って堂々と生きていくのは、至難の技です。生きていく力が、ここから生まれてくることはありません。

なぜなら、青空という自分の「根っこ」から切り離されているからです。自分の根っことつながっていない時、私たちは不安で自信がなく、また、非常に孤独です。人と競争せずにはいられません。

しかし、**青空とつながることで、ネガティブな感情が浄化されます。生きるエネルギーがこんこんと湧く世界につながることができます。**

そのためには、まず体について理解することが不可欠です。心と体は深く関わり合っているからです。

次は、私たちの体について、お話ししていきます。

体を忘れ、「生首状態」で生きている私たち

「生首」というどぎつい言葉に、ドキッとしたでしょうか。

しかし、常に頭の中が思いであふれている状態を表すのに、これほどふさわしい言葉はありません。

不安でしょうがない時や、怒りでいっぱいになっている時、頭の中では嫌なシーンがノンストップで繰り広げられ、いろいろな感情がグルグルとめぐっているはずです。その時、私たちは完全に自分の肉体のことを忘れています。

まさに、首から上だけが体を離れて、宙に浮いている状態です。

実際の映画館を例に取ると、わかりやすいでしょう。映画館のシートに座って上映が始まると、私たちはすぐ完全に肉体を置き去りにして、スクリーンに夢中になります。

もちろん頭の隅では、それがフィクションだとわかっています。でも、映画がリアル

で面白ければ面白いほど、私たちは「首ったけ」になります。

現実の世界も同じです。脳内の映画はとんでもなくハイクオリティですから、私たちの「生首状態」は、ほぼ1日中続いています。強度の生首状態の人はたいてい猫背で、前かがみです。首だけ少し前に出ているのです。あなたの姿勢は、大丈夫でしょうか。

そのように、普段は忘れ去られている体が、警告を発することがあります。痛みや異変が起きた時です。

胃や頭、歯などが痛い時、筋肉痛になった時、病気やケガをした時、私たちは、体に意識を向けざるを得ません。アラームが鳴り響いて初めて、体というものがあったと気づきます。それくらい、すっかり体のことをほったらかしにしてしまっているのです。

あなたがエクササイズ好きなのはなぜ？

それでも、救いはあります。「これではいけない」ということに、私たちは無意識で気づいているからです。

今、多くの人がわざわざ時間を取り、お金を使って、スポーツやエクササイズをしています。

忙しい時間をぬってランニングやウォーキングにいそしみ、休日には、トレッキングや登山に出かけています。ヨーガやダンスにはまっているという人も大勢いますね。

それは、体というものを普段すっかり失っている自分に、危機感を感じているからではないでしょうか。だから、体を動かし、そこに意識を向けている。そうやって体の感覚を思い出そうとしているのです。

意識の上では、誰もそこまで深くは考えていないでしょう。だから、ここであえて問いたいと思います。

あなたが本当にしたいのは、体を動かすことなのでしょうか？　汗を流すことでしょうか？　それは確かに気持ち良いでしょう。だけど、それだけでしょうか。

もしかしたら、別の目的があるのではないですか？

今大勢の人が体を動かし、その感覚を取り戻そうとしているのは、「暴走する心から自由になりたいから」ではないかと、私は思います。

生首状態でいたら、1日中つらい映画を見なければなりません。でも、**運動やダンスに没頭し、体に意識を向けている間は、自分がはまっている映画から抜けられます。**

もし映画館で激しい頭痛に襲われたり、お腹がシクシク痛かったりしたら、ストーリーにのめり込むことはできませんね。これと同じように、普段の生活でも、体に意識を向けていれば、その間は映画から醒めることができます。

筋トレやランニングに注目が集まっているのは、誰もが無意識のうちでそれを知っているからでしょう。

それでも、映画が止まらない人たちは、体を動かしながらイヤホンで音楽を聴いています。ジョギングしながら音楽を聴いている人も、町中で多く見かけますね。この習慣は、なんとかしてシンキングマインドから自由になりたい。そういう気持ちの表れではないでしょうか。

もうエベレストを目指す必要はない

しかし、もっと効率よく、もっと確実に映画から抜けられる方法があります。

瞑想ほど、自分の体を取り戻し、映画から自由になるために役立つものはありません。しかも、今すぐ始められます。

たとえば、エベレスト登頂に成功した登山家が、「頂上間際で神を見た」「魂の自由を感じた」などと言うことがあります。

それはなぜかと言えば、8000メートル級の登山は過酷な上に危険すぎて、よけいなことを考える余裕が一切ないからです。エベレストでは、ささいなミスがすぐに死につながります。過去や未来の映画を上映している暇はありません。つまり、「今ここ」に、完全に集中するしかないのです。

その時、人は過去や未来から解放されて、今まで味わったことのないような自由を味わいます。それは、至福とも言える瞬間でしょう。その感覚をもう一度味わいたくて、登山家はより危険な山へと向かうのかも知れません。

しかし、私たちは何もお金や時間をかけて、エベレストへ行く必要はないのです。

私たちが本当に欲しいものが、「暴走して自分を傷つける心からの解放」ならば、この日本の自分の家で、お釈迦様が教えている方法を試せばいいだけなのですから。

「牢獄」のドアを打ち破り、自由を手に入れる

体を忘れた私たちについて、違う角度からお話ししましょう。

「生首」の私たちは、四六時中ひとり語りを続けています。そのおしゃべりが止まることはありません。まるで、頭という「牢獄」に完全に閉じ込められている状態です。

たとえば、町を歩く時、電車に乗っている時、あたりを見回してみてください。あなたの周りにいるほとんどの人が考えごとに夢中で、頭という牢獄の中に閉じ込められているはずです。ものの見事に、体と切り離されているはずです。

その牢獄が苦しいことは、もう十分にわかっていますね。

みじめな気分から逃れようとして、私たちはさまざまな「気分転換」や「ストレス解消」をします。でも、それが無駄な抵抗であることも、すでにお話ししました。

多くの人が大好きなストレス解消法のひとつに、ジェットコースターがあります。

わざわざお金を払い、行列に並んでまで、なぜあんな怖い思いをするのか。「安全に」危険なことを味わってハラハラドキドキしたいから。そうすることで、みじめなおしゃべりをストップさせたいからです。

人それぞれの方法で、みんなが無駄な抵抗を重ねています。男女関係に溺れたり、家庭を壊すほど仕事にのめり込んだり、「自己実現」に走ったり、趣味に没頭したり……。私には、そんな姿が、牢獄から逃れようとして七転八倒しているように見えてなりません。だから今度こそ、牢獄のドアを本当に打ち破って、もっと広々とした自由な世界に出ましょう。これが、私の提案です。

では、その広々とした世界は、どこにあるのか。

意外に思うでしょうが、それは、あなたの「体」にあります。

「内なる体」に広がる豊かな世界

体の中に広々とした世界がある。そう言われたあなたは、「え、この体のどこに、そんな世界があるの？」と思うはずです。

普通、「体」と聞いて私たちが思い浮かべるものは、「骨や筋肉、脂肪からできていて、血管やリンパ腺が走り、内臓が機能している体」のこと。「自分の意志で動かせる体」のことでしょう。

それが、私たちの知っている「体」です。

だから、世の中で「体」について話す時、たいてい健康や容姿がテーマになります。病気にならないためにはどうしたらいいのか。若くきれいでいるためには、何をすればいいのか。体力を維持するための健康法は何か……。

体についての私たちの主な関心事は、そんなところです。

しかし、私がこの本でこれからお話しするのは、「目で見て、手で触ってたしかめられる体」や「MRIなどの医療機器で検査できる体」のことではありません。

あなたの中にある「内なる体」のこと。「自分の内側から感じる体」のことです。

そう言われても、よくわからないという人は、ヨーガや気功を思い出してください。

ヨーガでは、決められたポーズを取りながら、体の内側を深く感じていきます。

気功でも、体の中を流れる「気」を感じ、動かしていきます。

今は、美容や健康が主な目的になっている部分もありますが、本来、ヨーガや気功の目的は、私たちの中に広がる「内なる体」とつながり、安らぎや喜びを見出すことなのです。

「内なる体」とつながると、楽に生きられる

しかし、ヨーガや気功などをわざわざやらなくても、「内なる体」とつながることはできます。普通の生活の中で、仕事や家事をしながら、道を歩きながら、買い物をしながら、「内なる体」を感じることは、可能です。

もっと言えば、日々の生活の中で、「内なる体」を感じる〝必要〟があります。

そうしない限り、「牢獄」のドアを蹴破ることはできないからです。

牢獄から自由になると、これまでまったく知らなかった青空が広がっています。24時間その世界に身を置くには、「内なる体」とつながることが重要です。そうすると、今までよりもずっと楽に生きられるようになるのです。

「内なる体」とのつながり方は、4章でじっくりお話ししていきましょう。

その前に、広々とした「青空」の世界に何があるかを見ていきます。

青空として生きると、慈悲が働く

「内なる体」とつながり、青空としての自分を実感しながら生きる。それができたら、あなたの世界は180度変わります。どう変わるのか。

自分も他人も肯定できるようになります。ブクブクと湧いてくるネガティブな思いに振り回されず、客観的に対処できるようになります。「人生なんてこんなもの」と、斜に構える必要もなくなります。生きる力が湧いてきます。

では、そもそも青空とは何か。正直に言って「青空」を言葉で表すことには、慎重にならざるを得ません。

青空への道筋は、4章ではっきりと示すことができます。しかし、青空とは何かを言葉にしたとたん、空疎（くうそ）なものになったり、誤解が生じたりしかねないからです。

青空は、すでに自分の中にあるもの。体感するものです。言葉にとらわれると、かえって不自由になってしまいます。

ただ、青空として生きる時、ふたつの新しい特質があなたの中に生まれるでしょう。その特質のひとつが、「慈悲」です。新たに生まれるふたつの特質を経験的に理解することで、青空を体感していきましょう。

今までの人間関係は、「好き」「嫌い」「無関心」の3択

「慈悲」と聞いた時、あなたはどんなイメージを持つでしょうか?

教科書的には、「慈しみとあわれみの気持ちをもって相手に接すること」と答えれば、正解かも知れません。しかし、「言うは易く、おこなうは難し」であることは、誰もが知っているでしょう。

今まで人と接する時、私たちには3つの選択肢しかありませんでした。「好き」「嫌い」「無関心」の3択です。

この中で「好き」は、もっともポジティブに見えますね。でも、一見問題がなさそうなこの感情が、実はネガティブな感情とワンセットであることは、誰もが体験済みだと

思います。

誰かを好きになったとたん、嫉妬や不安、疑い、怖れ、心配、ねたみ、さまざまな感情がつきまとい始めます。相手の愛を欲しいと渇望します。相手の行動に振り回されます。メロドラマの苦しみの始まりです。

「嫌い」という感情もつらいですね。一番つらいのは、誰かを嫌うあなた自身です。相手もあなたが嫌っていることを敏感に察知しますから、関係の悪化は避けられません。

では「無関心」なら問題ないかと言えば、これも苦しいものです。誰かに無視され、声もかけてもらえないことを想像しただけで、それはわかるでしょう。無視している本人も、当然嫌な気分でいなければなりません。

「慈悲をもって生きる」という新たな選択

青空として生きると、4つ目の選択肢が生まれます。

先ほどお話しした、慈悲をもって接するということです。それは、**相手をよい悪いと判断せず、無条件に、相手の存在に対してあたたかい慈しみを送る**ということです。

私たちが何より慈悲をもって接しなければならない存在が、誰かわかりますか？

それは、家族でもパートナーでもありません。あなた自身です。

あなたはこれまで、自分に冷たい態度を取ってきたのではありませんか？

物事が上手く進まない時、自分に八つ当たりしてきませんでしたか？

これまでずっと、自分が本当に望むようにさせてあげなかったのではないですか？

まず、自分自身に慈悲を向けること。ここから、すべては始まります。

しかし、「よし、今日から自分に対して慈悲深くなるぞ」と思っても、もちろんうまくいきません。どんなに一生懸命に慈悲を送ろうと思っても、そこには何も生まれないでしょう。頭の中に閉じ込められ、「思い」に振り回された状態で、慈悲が生まれるはずもないからです。

慈悲は、青空として生きて、初めて生まれます。青空を体感した時に、自分自身の奥深いところから湧いてくるものです。

焦る必要はありません。そこにいたるために、まず今まで雲として生きてきた自分を、しっかりと自覚することです。逆に言えば、この自覚を抜きにして、青空への道は進めないのですから。

青空は、マインドフルな世界

青空として生きるもうひとつの特徴は、「マインドフルネス」でいられることです。

マインドフルネスとは何か。一言で言えば、「今自分がやっていることに、完全に気づいていること」。**過去にも未来にも行かず、「今この瞬間」の自分に100%の意識を向けて生きること**です。

それは、単に「今、私は○○している」と認識していることではありません。

今の自分の行動について、「評価や判断をすることなく、好き嫌いなしに、あるがままに、すべてを受け入れたうえで、気づいている」状態です。

慈悲に満たされ、「今ここ」に気づき、マインドフルに生きる。歩いている時も、お茶を飲んでいる時も、仕事や料理をしている時も、常に今自分がやっていることに気づきを持っている。

青空として生きるとは、こういうことです。

その時初めて、あなたは「牢獄」から脱出し、自分で自分を苦しめる雲から解放されます。もし、新たな雲が生まれても、悠然と対処することができます。

ただし、間違っても順番を逆にしてはいけません。

自分や他人に慈悲をもって接し、マインドフルに生きたら、青空に到達できると考えないということです。いくら意志の力で、「慈悲をもとう、今ここに気づいていよう」と思っても、できるものではありません。

もちろん、言葉で「私は、意識を『今ここ』に向け、あるがままを見ます」と言うことはできます。また、そのように行動しようと努力することもできます。

しかし、ものの10秒としないうちに、意識は猿のようにあちらこちらへ飛び移ってしまうはずです。誰かから攻撃されたら、怒りが生まれて反撃したくなるはずですし、思い通りにいかない時は、自分や人を責めたくなるでしょう。

だから、**「内なる体」に意識を向けるのです。そこにこそ、マインドフルに生きるための入口があります。**

心の不調を根本から解決する仏教と瞑想

心のしくみや青空について学び、瞑想の実践に入るための準備がほぼ整いました。その仕上げとして、仏教本来の役割、仏教があなたに対してできることについて、お話ししたいと思います。

まず、ミャンマーやタイ、チベットなどで、仏教がどのような役割を果たしているかについてご紹介していきましょう。

これらの国や地域をはじめとする東南アジアでは、お寺や僧侶と人々の距離が、非常に近いのが特徴です。仏教が、文字通り「心のよりどころ」として機能しています。

多くの人が行きつけのお寺やなじみの僧侶を持ち、困ったことや悩みごとがあったら、すぐ相談しに行きます。週末にはお寺に行き、仕事や家族の問題を相談する習慣が根づいています。

また、ミャンマーやスリランカなどでは、お寺が瞑想センターを持ち、老若男女が通っています。オフィスの机に、自分が尊敬している僧侶の写真がまるでアイドルのブロマイドのように飾ってある光景もめずらしくありません。若い女性たちが、美容院の評判を語り合うように、自分と縁のある瞑想センターや僧侶の話をし、自分の瞑想の師匠を自慢し合っています。日本では、考えられない光景です。

在家の人たちは、自分たちの日常を支えてもらう代わりに、僧侶を心から敬い、お布施を施します。東南アジアの国々では、お寺が「心の病院」であり、僧侶は「カウンセラー」や「医師」なのです。

私たちを「病い」から救い出す特効薬

一方、日本の状況はどうでしょうか。

体の病気に関して言えば、日本は世界最高の医療水準を誇ります。たった今、あなたの体調が急変したとしたら、日本中どこにいても電話1本で救急車が駆けつけ、的確な治療をしてくれる病院に運んでくれるでしょう。

病気やケガをした時、体調が思わしくない時、私たちは迷うことなく病院に行きます。しかし、心が不調の時、悩みや苦しみが生まれた時、お寺に行って僧侶に相談しようという発想や習慣はありません。

ギリギリまで我慢して、いよいよ精神的に追い詰められ、ようやく心療内科や精神科のドアを叩きます。中には、その前に自らの命を絶つという最悪の選択をしてしまう人もいます。

そうなる前に、お釈迦様の処方箋を受け取って欲しいのです。

これまでの日本には、心を健康へと導く「特効薬」があると思われていませんでした。ほとんどの人が不調な状態を当たり前と思い込み、週末のレジャーや買い物、旅行などで気晴らしをして「痛み止め」にしていました。

でも、仏教では、重篤な病気の人に、痛み止めではなく病気そのものを治す瞑想という特効薬を処方します。

お釈迦様が発見した特効薬は、2500年後の日本でも、心の苦しみから解放されるためにきちんと服用することができるのです。逆に、そうしなければ、私たちがこの深い「病い」から解放されることはないでしょう。

人生のハンドルを自分で握ろう

この特効薬は、日々の実践を通してしか効力を発揮しません。

特効薬を手にして深く感動しても、「たしかに、そうだよね」と心から納得しても、あなたの人生に薬効が作用することはないでしょう。あなたが自らそれを試すことがなければ、青空へタッチすることはおろか、垣間見ることもむずかしいのです。

けれど、実践し始めれば、その瞬間からあなたは変わり始めます。

自分の心のハンドルを、過去や未来や他人に握らせるのではなく、自分自身で握ることができます。

もし事故を起こした時、自分以外の誰かが運転していたとしたら、くやんでもくやみきれませんね。しかし、自分自身が運転しているとしたら、これからはどんな道でも自分で選ぶことができます。安全運転で目的地へたどり着けます。

では、どのようにすれば、人生のハンドルを自分自身で握ることができるのか。

その実践法について、4章で学んでいきましょう。

第4章

青空につながる瞑想

青空につながる瞑想とは

瞑想は、誰もが日常の習慣として、ごく普通に取り入れられるものです。

しかし、形だけ整えて瞑想したとしても、頭の中で映画がずっと上映されているだけであれば、それは瞑想ではありません。

本来の瞑想とは何か。

シンプルに答えれば、「シンキングマインドがフル回転しているAという次元から、その日常とは異なるBという次元へジャンプすること」です。B次元とは、シンキングマインドから自由になった青空の世界を指します。

B次元へ移動し瞑想を深めていくことで、瞑想以外の時間も心の状態が変わってきます。シンキングマインドの暴走がコントロールできるようになり、その暴走がもたらしていたすべての災厄から解放されます。

では、どうすればB次元へ移動できるのか。

その入口となるのが、3章でお話しした「内なる体」です。

内なる体とは、「体の中にある微細なエネルギーに満ちたフィールド」を指します。

実は、私たちの体は、微細なエネルギーの集合体でもあります。青空というもうひとつの領域に入っていくために、必ず途中で通過する場所がこの内なる体です。


さて、ここまで読んできたあなたには、こんな戸惑いや疑問が浮かんでいるかも知れません。

「仏教の瞑想を学ぼうと思ったのに、〝内なる体〟や〝微細なエネルギー〟って何？　しかも、それが入口になるってどういうこと？」と。

初めにお断りしておきましょう。今からお伝えする瞑想は、これまで日本で紹介されてきた仏教の瞑想や坐禅とは、少し（ある意味では、まったく）異なります。

どこが異なるのか。ひとつは、私たちが今まで意識を向けてこなかった、内なる体の微細なエネルギーを感じることが、すべてのベースとなることです。微細なエネルギーについては、実践に入ってくわしくお話ししましょう。

「何だか、むずかしそうだな」と思うでしょうか。「自分にできるかな」と不安になるでしょうか。

しかし、それは決してむずかしいことではありません。

もちろん、練習は必要です。でも、100人いれば100人が、そこにある微細な感覚を感じることができます。これは、私が保証します。

なぜなら、どんな人もみな例外なく、内なる体を持っているからです。

ここは、しっかりと踏まえていただきたいと思います。

もうひとつ、この瞑想が他とまったく異なっている点があります。

それは、「自分が青空であると知り、瞑想によって青空の領域に立つこと」です。

復習しましょう。青空とは、お釈迦様が発見したニッバーナであり、私たちの本質でした。迷いや悩みが何ひとつない自由な世界。雲は浮かんでいるものの、その雲を、距離を持って観ることのできる世界でした。

この本では、まず次の3つの瞑想をご紹介します。これらの瞑想によって、あなたはゆったりと呼吸しながら、普段の粗い感覚の領域を出て、内なる体の微細な感覚を感じ、青空の領域へと入っていきます。そして、シンキングマインドから自由になり、本来の自分である青空へと戻っていきます。

パート1……体の微細な感覚を観る瞑想
パート2……慈悲の瞑想
パート3……呼吸を観る瞑想

さらに、呼吸とステップに意識を向けて歩くことで、「今ここ」に気づいていくための**歩く瞑想（パート4）**についても、お伝えしていきます。

私は、青空へ入っていくためのこれらの瞑想を、「ワンダルマ・メソッド」と名づけています。ワンダルマ（ひとつの法）とは、仏教のさまざまな伝統のどれかひとつだけを選ぶのではなく、すべてを統合したあり方のことです。それに基づいた瞑想が、ワンダルマ・メソッドです。

理解を深めるために、このメソッドの完成のプロセスについて簡単にお話ししましょう。

「はじめに」で書いた通り、1980年代の初めより、私は曹洞宗の坐禅に20年近く取り組みました。その間、縁あってアメリカに渡り坐禅指導にあたり、21世紀に入って、ミャンマーなどで仏教の伝統的な瞑想メソッドを学びました。

帰国後も試行錯誤を重ね、指導した方々のフィードバックを受けながら、現代に生きる誰もが取り組める瞑想として、ワンダルマ・メソッドを完成させたのです。

ワンダルマ・メソッドを実践することで、私たちは、思いが手放された青空の世界へ入っていくことができます。

私は、このメソッドにたどり着くまでに長い時間を費やし、世界各地を旅しなければなりませんでした。しかし、あなたはわざわざ海外へ行くことも、長い年月修行する必要もありません。今ここにあるあなた自身の体をゲートとして、新たな青空の領域へと入っていけます。

言うまでもなく、この瞑想は、お釈迦様がニッバーナを発見し、私たちに伝えた瞑想がベースとなっています。

お釈迦様は「患者第1号」として、瞑想によってご自分の心の「病気」を完璧に克服されました。その後、「最高の名医」として周りの患者にその克服法を説きながら旅を続け、生涯を閉じられました。お釈迦様の説いた「病気の克服法」こそ、本来の仏教であり、本来の瞑想です。薬師如来の仏像の手に薬草があるのも、その背景からです。

私自身も「患者」として仏教に出会い、瞑想を実践して今にいたります。いわば「患者友の会会長」として、仲間とともに作り上げてきたワンダルマ・メソッドをあなたに届けます。

どうぞ今日から、このメソッドを実践してください。そこには、本来のあなたである青空が広がっています。

◇準備

・部屋を片づけて掃除し、坐る環境を整えます。今から瞑想によって清浄な世界へ入っていくのですから、それに合わせた清潔な環境を準備しましょう。

・腕時計やアクセサリーなどは外し、携帯は電源を切るか、マナーモードにします。

・ゆったりとしたリラックスできる服装でおこないます（ジーンズは膝が曲がりにくいので避けましょう）。

・部屋が明るすぎるようなら、照明を少し暗くしたりカーテンを引いたりして、調節します。夜であれば照明を消してロウソクを灯すと、より落ち着きます。

・できれば、少し上質なお線香を焚きましょう。お線香は部屋の空気を清浄にして、心を静める作用があります。

＊部屋の一角に心が落ち着く仏画や小さな仏像など、神聖さを象徴するようなものを飾り、その前でいつも瞑想をするといいでしょう。「この場所なら心が静まる」と感じられる場所を確保することが大切です。常に同じ場所に坐るようにすると、瞑想が深まりやすくなります。

◇坐る場所

・大きめの座蒲団を敷き、その上に坐蒲（ざふ）か小さなクッション（座蒲団をふたつ折りにしてもよい）を乗せて坐ります。

＊坐蒲とは、坐禅用の座蒲団のことで、曹洞宗では丸い形の坐蒲を使用します。ネットショップや専門店で販売しているので、自分の体に合ったものを見つけるといいでしょう。新品の坐蒲は坐りづらいことがあるので、その場合は、中に詰まっているパンヤを取り出し、自分に合った高さに調節してください。使用後は坐蒲の側面を床に押しつけ、元の形に整えておきます。

・膝や股関節が悪く足が組めない場合は、椅子に坐っておこなうこともできます。その場合は、足がきちんと床に着く椅子に坐り、背もたれを使わず、背筋を真っ直ぐ伸ばしてください。

◇瞑想の開始と終わり

・瞑想を始める合図として、磬子（けいす）（鐘）やシンギングボウルなどを軽く3回鳴らし、鐘の音に注意を向け、瞑想を始めます。

・終了時にも鐘を1回鳴らし、静かな感覚のまま日常生活に戻ります。

＊磬子やシンギングボウルは、ネットショップや仏具店、アジア雑貨店などで手に入ります。仏具の「お鈴（りん）」も使えます。
すぐに用意するのがむずかしい場合はなくてもかまいませんが、瞑想の前に鐘を叩くことで部屋のエネルギーが整い、集中しやすくなります。また、終了時の鐘は、瞑想状態から醒め、日常へ戻るための合図となります。

インターネット上のサイトや携帯アプリに、瞑想用に時間を設定してこれらの音が出せるものもあるので、活用してもよいでしょう。

◇時間

《パート1〜3》

・15〜20分が目安です。できれば、20分坐ることをおすすめします。初めのうちはタイマーをセットすると、瞑想に集中できるでしょう。
・平日は、パート1〜3のどれかひとつをおこないます。慣れるまでは、基本となるパート1を優先しておこなってください。
・休日など時間のある時は、パート1〜3の順ですべての瞑想をおこないます。あるいは、パート1と残りふたつのどちらかを組み合わせてもよいでしょう。その場合もパート1から始めます。

・平日であれば、朝か寝る前におこなうとよいでしょう。

＊私が坐禅会で指導する場合は、それぞれ30分～1時間程度おこないますが、普段ひとりでおこなう場合は、記載した時間で十分です。

《パート4》

最低15分程度を目安にしてください。時間のある時は1時間ほどおこなうことをおすすめします。屋外バージョンは、朝夕の散歩代わりにおこなってもいいですし、目的地に向かって歩いている時におこなうこともできます。

◇瞑想のやり方

パート1～2については、本来は私が言葉でガイドしながら瞑想を進めていきます。

この本では、そのプロセスを文章化してご紹介していますので、あらかじめ手順を頭に入れて瞑想を始めてください。

一法庵のサイトで瞑想指導の音声を公開しています。一度私の音声にそって瞑想していただくと、ひとりでおこなう場合にやりやすいでしょう。

＊一法庵公式サイト（インストラクション）
http://www.onedhamma.com/?page_id=33

◇坐禅と瞑想の違いについて

坐禅とは、一般的には、曹洞宗や臨済宗（りんざいしゅう）などの禅宗でおこなう修行のひとつです。一法庵では、坐る瞑想のことを「坐禅」と呼んでいます。

禅宗の坐禅は、正しい姿勢で坐ればそれだけで自然に心が整い、頭の中の映画も止まると考えます。しかし残念ながら、それだけでは映画を止めて、青空に触れるのはむずかしいでしょう。

この本では、そこからもう一歩進みます。これまで海外に伝えられてきたメソッドを元に考案した瞑想（坐禅）で、体の微細な感覚を感じながらアプローチしていきます。

禅宗の坐禅では、両手を足の上に置き「法界定印（ほっかいじょういん）」という印を組み、目を半分だけ開いて「半眼（はんがん）」の状態にします。しかし、ここでは、集中しやすいように目を閉じ（パート1〜3）、手はそれぞれの瞑想に合った置き方でおこないます。

◇瞑想する前に知って欲しいこと

瞑想を始める際には、誰もが「瞑想することで、嫌な日常から抜け出せるに違いない」「瞑想すれば、きっといいことが起こるだろう」と期待してしまうでしょう。

しかし瞑想は、何かの目的や手段のためにおこなうものではありません。残念ながら、そういう姿勢で瞑想をおこなっても、得られるものはないと言っていいでしょう。

たしかに、瞑想によって、心身ともにたくさんの変化が始まります。そして、それは確実に日常を変えていきます。すでに数え切れない人たちが瞑想によって、人生に変化をもたらしてきました。

けれど、それはあくまでも「結果」に過ぎません。瞑想は、自分以外のところに目標を設定し、そこに向かって進んでいくというこれまでの生き方を、やめるためにおこなうものです。

瞑想によって自分自身の中に青空を発見すれば、もう期待や目標が必要ないことがわかるでしょう。変化も、安らぎも、癒しも求めず、坐るために坐り、歩くために歩いてください。

◇基本姿勢

パート1〜3に共通する基本姿勢です。各瞑想を始める前の参考にしてください。

①坐蒲の上に腰を下ろします。坐蒲の上に、しっ

かりとお尻が乗っているのを確認してください。尾てい骨の下に坐蒲がある感覚です。ただし、深く坐りすぎないように注意を。

②片足の先を持ち、自分のほうにできるだけ引き寄せます。

③もう片方の足を、反対側の足の太ももの付け根に乗せます。

＊両方の足を太ももに乗せる坐り方を「結跏趺坐（けっかふざ）」、片方の足だけ乗せる坐り方を「半跏趺坐（はんかふざ）」と言います。普通は、半跏趺坐で十分です。この姿勢がむずかしい人は、あぐらや正座でも大丈夫です。下半身が安定し、背骨が真っ直ぐ伸ばせる姿勢が保てれば、椅子に坐っておこなうこともできます。

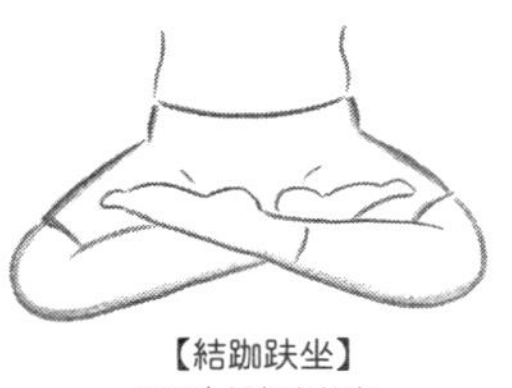

【結跏趺坐】
両足を組む坐り方

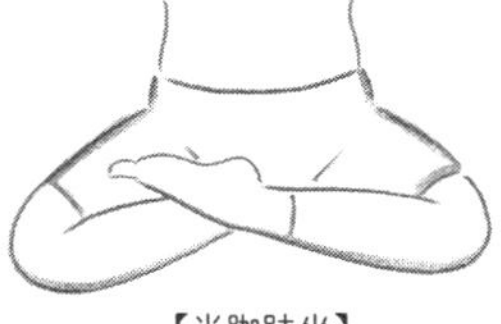

【半跏趺坐】
片足を組む坐り方

④上半身を、骨盤から左右にゆっくり揺らします。メトロノームの針のように左右均等に揺らしながら、段々振り幅を小さくします。微調整しながら、最終的に、背骨が真っ直ぐに立っている場所を見つけます。

*この時、腰は自然な形で定まっているはずです。瞑想中はこの形をキープします。瞑想している間に腰がそりすぎたり、丸くなったりしないように注意してください。

⑤両肩をグッと持ち上げて耳に引き寄せ、後ろに引きながら力を抜いて、ストンと落とします。これを3回繰り返します。

*肩には日頃の緊張がたまっています。力をギュッと入れて抜くことで、緊張をほぐしていきます。

⑥目を閉じてあごを引き、上の前歯の付け根に舌先を軽くあてます。

⑦頭頂部で天井を押すようなイメージで、背筋を伸ばします。この時、腰をそらせすぎないように注意しましょう。

＊肩の力を抜いてリラックスすることと、腰の位置を定めて背骨をしっかり立てることが重要です。

⑧パート1……両手を膝の上に置き、手のひらを天井に向けます（手のひらの微細なエネルギーをもっとも感じやすい形）。

パート2……両手を膝の上に置き、手のひらを下に向け、膝を軽く包むようにします（もっともリラックスできる形）。

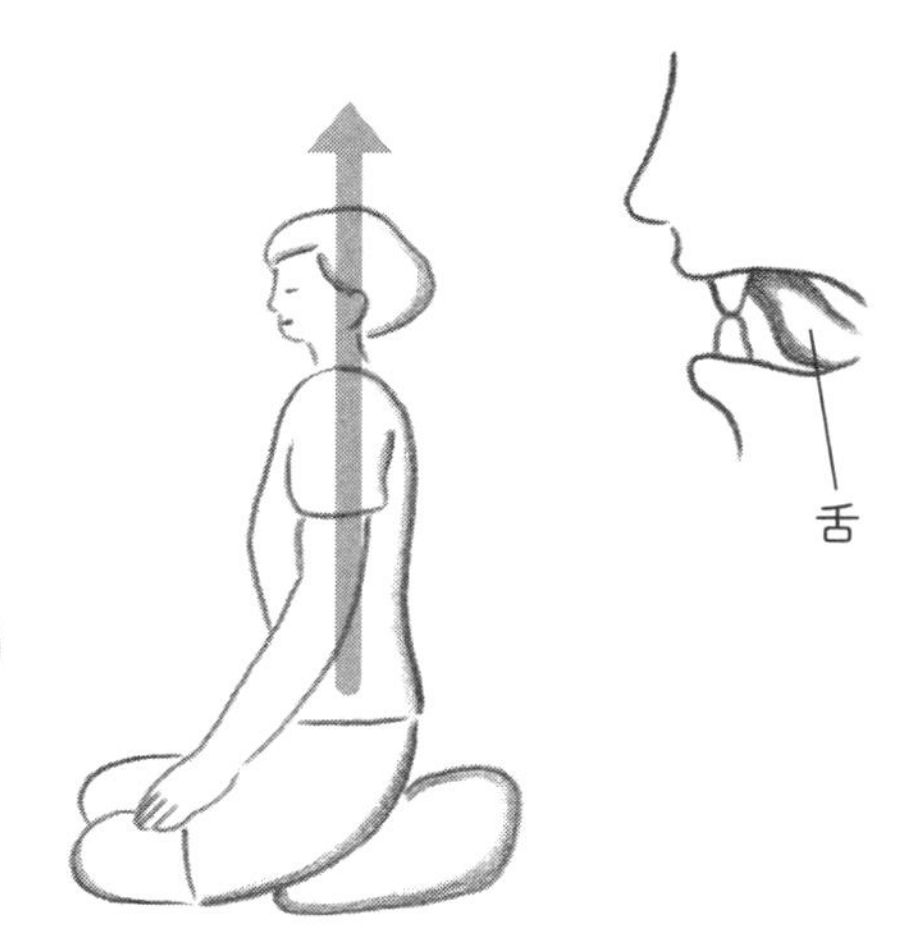

パート3……パート2と同じか、法界定印（160ページ）を組みます（もっとも瞑想状態に入りやすい形）。

◇呼吸

瞑想中は、鼻から息を吸い、吐きながら、腹式呼吸をおこないます。腹式呼吸は瞑想の大切なポイントとなるので、一度おへその下あたりに手を当て、呼吸に合わせて下腹が膨らんだり、縮んだりして動いているか確認し、練習するとよいでしょう。

呼吸は、コントロールしようと思ったとたんに、不自然になってしまいます。あくまでも自分の自然なリズムで、ゆったりと腹式呼吸を続けてください。

パート1
体の微細な感覚を観る瞑想

さっそく、青空の入口となる、内なる体の微細な感覚を観ていきましょう。

この瞑想では、腹式呼吸をしながら、体のパーツごとに微細なエネルギーを感じていきます。

その準備として、まず微細なエネルギーとは何かについてお話ししましょう。

本来、私たちは非常にきめ細やかで、豊かなエネルギーの領域を体の中に持っています。この瞑想で感じていくのは、その領域にあるエネルギーです。

しかし、あなたがこれまで感じてきた体の感覚といえば、次のようなものではないでしょうか。「痛い」「寒い・暑い」「かゆい」「疲れた」「お腹が空いた」「眠い」……。これらは、物質である肉体の粗い感覚です。今の私たちにとってなじみ深いのは、この粗い感覚のほうですね。

私たちは一度も、自分の体が繊細で豊かな感覚を持っているとは教わってきませんでした。ですから、この時点で微細なエネルギーを実感できないのは当然です。

微細なエネルギーのことを、ヨーガでは「プラーナ」、気功では「気」と呼んでいます。といっても、ヨーガや気功に取り組んでいる人以外は、漠然としてつかみどころがないもののように感じるかも知れません。

でも、アジアや日本に伝わっている医療や武道、健康法などの伝統では、この微細なエネルギーが前提になっていることは、あなたも納得できるはずです。

この瞑想では、一番敏感なセンサーを持つ手のひらをきっかけとして、体の微細な感覚を観ていきます。そして、その感覚を全身で感じることで、映画の上映を止め、「今ここ」に戻っていきます。

私たちは今まで、エゴが生み出すネガティブな思いに、生まれてこのかた何百連敗してきたかわかりません。その連敗記録を断ち切るカギが、微細なエネルギーを感じることにあるのです。微細な感覚を感じる時、暴れていたシンキングマインドがストンと脱落します。その瞬間、青空へのゲートが開きます。

繰り返しますが、それは特別な体験ではありません。誰にでもできることです。

この瞑想は、パート2、3の瞑想の基礎となります。まずは、この瞑想にしっかり取り組み、微細な感覚を体感していきましょう。

◇体の微細な感覚を観る瞑想・手順

①静かな場所に坐蒲を置き、その上に坐ります。半跏趺坐に足を組み、両手のひらを上に向け、膝の上に置きます。

＊126ページの基本姿勢を参考にして、姿勢を整えてください。

②目を閉じて下腹（おへその下付近）に意識を向け、ゆっくり腹式呼吸を始めます。下腹を膨らませて息を吸い、下腹をへこませて息を吐きましょう。

下腹に意識を向ける

＊まずは、下腹に意識を向け、心が散漫になっている日常の状態を静め、心が落ち着いてから瞑想に入ります。体に力を入れず、リラックスしましょう。

③しばらく腹式呼吸を繰り返しながら、下腹がゆっくり動くのを意識します。初めは粗く落ち着かなかった呼吸が、やがて静かで穏やかなものに変わっていきます。

＊ゆるやかなリズムで腹式呼吸を続けていると、次第に心が落ち着いてくるはずです。「思い」が浮かんできたら、その都度手放しましょう。

＊下腹の動き（膨らみ・縮み）を観ることが、呼吸を観ることにつながります。呼吸とお腹の動きを同時に意識しましょう。このふたつを意識することで、普段「内なる体」をほとんど感じたことのない人でも、体の微細な感覚を観る準備が整います。

＊①～③までの時間に決まりはありません。心が静まり、体に意識が向いてきたと感じたら、④に移ってください。ここまでの準備をしっかりすることで、④以降の瞑想が深まります。

④右手のひらに意識を向け、「手のひらの中」の感覚を感じます。

＊人間の体の中で、もっとも敏感なセンサーが埋まっている部分が手のひらです。手のひらに注意を向けていくと、そこにある微細な感覚を感じることができます。「手のひらがピリピリ、チリチリす

る」「手の中で炭酸がシュワシュワと泡立つような感じ」など、人によってその感覚はさまざまです。「もうひとつの体」が自分の中にあることを、右の手のひらで発見してください。

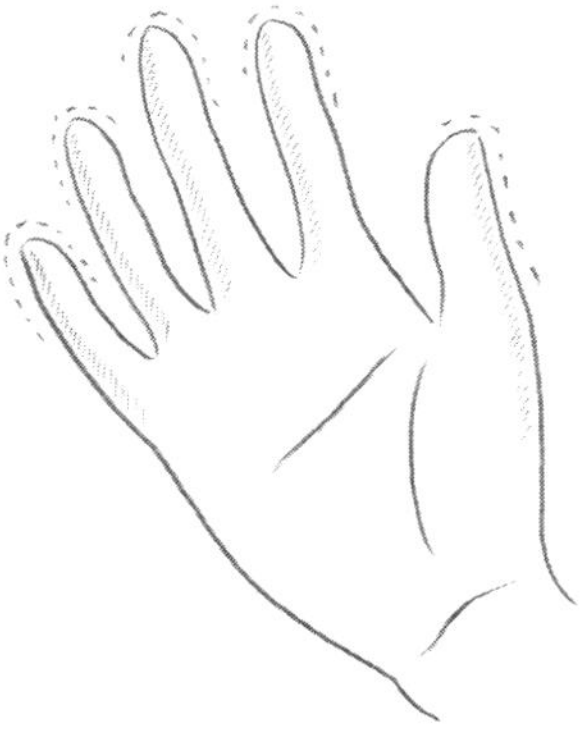

手のひらの内側に意識を向けていくと、「ピリピリする」「シュワシュワと泡立つような感じ」といった感覚を感じられるようになる。

⑤右手のひらの微細な感覚が感じられるようになったら、その感覚を右腕全体に広げていきます。手首から肘（ひじ）へ、肘から二の腕を通って肩まで、シュワシュワした感覚が昇っていくのを感じてください。

＊右手のひらに感じていた微細だけれども強烈な「何か」が、右腕全体へサーッと（あるいは、ジワジワと）広がっていく感じです。これから、体のパーツごとにその感覚を広げ、最終的には体全体で感じていきます。そのためにも、この段階でしっかり微細な感覚を感じておくことが重要です。

⑥左手のひらに意識を向けます。④、⑤と同じ手順で、左腕全体に微細な感覚を広げていきます。しばらく、両腕で微細な感覚を感じましょう。

＊微細な感覚を感じながらも、腹式呼吸は自然なリズムでゆったりと続けてください。意識は体の各パーツに向けられながらも、腹式呼吸は、バックグラウンドで常におこなわれている状態です。

⑦右足に意識を向け、微細な感覚を感じていきます。右足のつま先、足の裏、かかと、足首の順に注意を向けていってください。さらに、ふくらはぎ、膝、太もも、股関節の順で、足の付け根へと上がって感じていきます。左足も同様におこないます。

＊足は、手のひらほど敏感ではありません。ですから、手のひらほど鮮やかな感覚は感じられないかも知れませんが、確実に感じるものはあるはずです。

⑧両足の股関節のところまで微細な感覚がきたら、お尻がどのように坐蒲に支えられているかを意識してみましょう。そして、下半身全体の微細な感覚を感じていきます。

＊この段階では、両腕と下半身に微細な感覚を感じているはずです。今まで私たちは、「自分の体は骨や筋肉など物質でできている」と思い、「皮膚の内側」にあるものが自分の体で、「皮膚の外側」が世

界だととらえ、実際にもそう感じてきました。

しかし、ここであなたは、自分の両腕と下半身に「微細なエネルギーに満ちた世界」を感じ取っています。気がつくと、皮膚という体の「輪郭（りんかく）」が感じられなくなっているはずです。しかし、まだ胴体と頭は元の状態です。この後、胴体と頭へ意識を移していきます。

⑨背骨の一番下にある尾てい骨に意識を向けます。そこから、背骨に沿って、真っ直ぐ上に向かって微細な感覚を感じていきます。1センチ刻みで少しずつ上に向かいながら、微細な感覚が昇っていくのを感じてください。同時に、下腹部、胃腸、みぞおち、胸、肩の順で、胴全体にその感覚が広がっていきます。

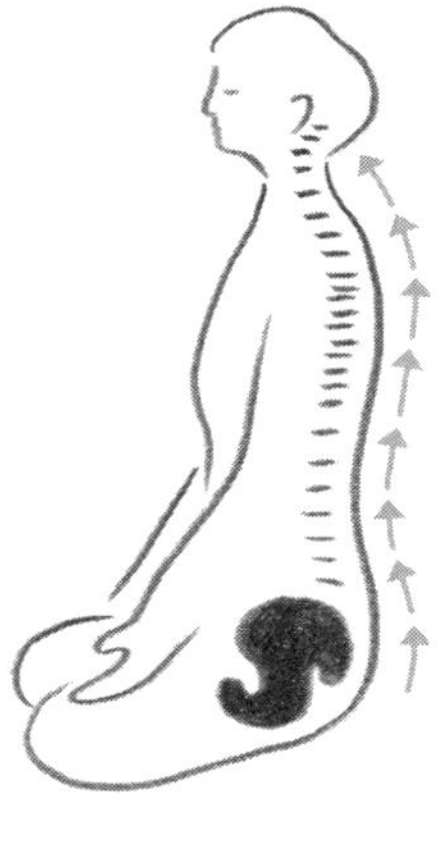

＊胴体は、手足と比べると微細な感覚が感じにくいため、背骨を手がかりとします。あわてず、じっくりと感じていくことがポイントです。

＊背骨を通って微細なエネルギーが昇っていく感覚、背骨そのものを感じていくような感覚です。意識が背骨を昇っていく時に、その周辺にある内臓を一緒に感じていくといいでしょう。

⑩肩から、首、顔、頭の順で、微細な感覚が昇っていくのを感じます。頭全体に微細な感覚が広がったら、その感覚が体全体に広がっていくのを感じてください。

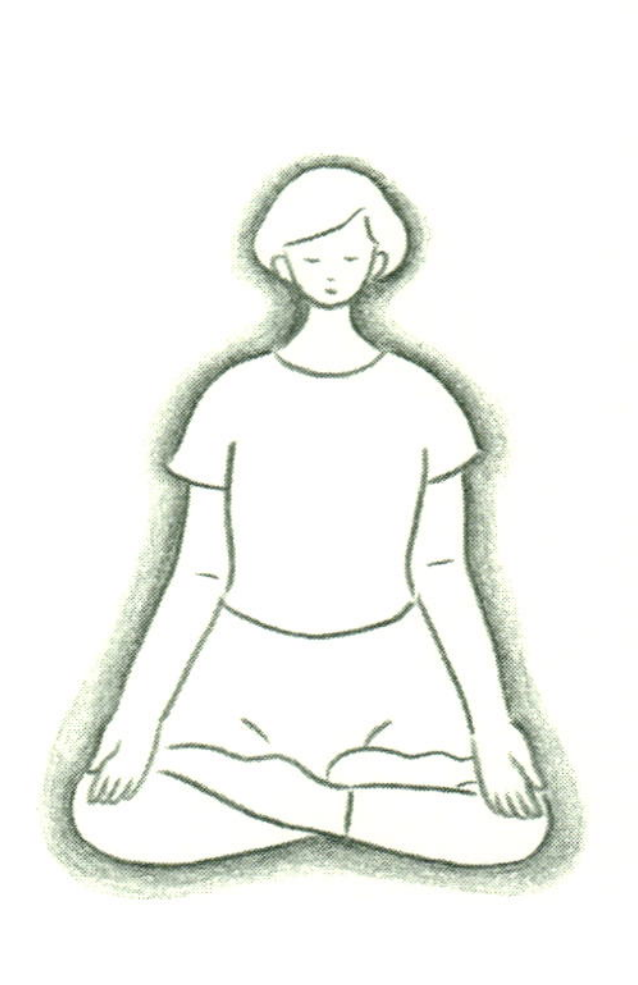

＊⑨までは、身体をパーツに分けて進んできました。しかしもう、ひとつのパーツにフォーカスする必要はありません。体全体に満ちている微細なエネルギーを全体として十分に感じてください。
＊身体全体で微細な感覚を感じている時は、普段とらわれている思いが入り込む隙がありません。映画が上映されることもありません。普段の感情が揺れ動く状態とは、正反対です。この状態を体験して、初めて私たちは、自分が普段いかに「思い」や「おしゃべり」に振り回されていたかということに気づきます。また、自分の人生を駆り立てていたほとんどのものが、実はネガティブな感情だったということが見えてきます。

⑪目を開け、終了します。瞑想中の静かな感覚のまま、日常生活に戻ってください。

体の微細な感覚を観る瞑想・ダイジェスト

①静かな場所に坐蒲を敷いて坐り、両手のひらを上に向け、膝の上に置きます。

②目を閉じて下腹（おへその下付近）に意識を向け、ゆっくり腹式呼吸を始めます。

③しばらく腹式呼吸を繰り返しながら、鼻から息が出たり入ったりするのを感じ、下腹が動くのを意識します。

④右手のひらに意識を向け、手のひらの中の感覚を感じます。

⑤右手のひらの微細な感覚が感じられるようになったら、その感覚を右腕全体に広げていきます。

⑥左手のひらに意識を向けます。④、⑤と同じ手順で、左腕全体で微細な感覚を感じていきます。しばらく、両腕で微細な感覚を感じます。

⑦右足のつま先、足の裏、かかと、足首の順に注意を向け、微細な感覚を感じていきます。その後、足の付け根に向かってその感覚を広げ、左足も同様におこないます。

⑧両足の股関節のところまで微細な感覚がきたら、お尻がどのように坐蒲に支えられているかを意識し、下半身全体の微細な感覚を感じていきます。

⑨尾てい骨に意識を向けます。そこから、背骨に沿って、1センチ刻みで少しずつ上に向かいながら、微細な感覚が昇っていくのを感じます。同時

に、下腹部、胃腸、みぞおち、胸、肩の順で、胴全体にその感覚が広がっていきます。

⑩肩から、首、顔、頭の順で、微細な感覚が昇っていくのを感じます。頭全体に微細な感覚が広がったら、微細な感覚が体全体に広がっていくのを感じてください。

⑪時間が来たら静かに目を開け、終了します。

◇微細な感覚について

微細な感覚は、Aさんにはあって、Bさんにはないというものではありません。体がある限り、すべての人がこの感覚を持っています。100メートルを9秒台で走ることは普通の人には無理ですね。でも、自分の体の内側を観て、そこに微細なエネルギーを感じることは誰にでもできます。100人のうち、100人が。

もちろん、そのレベルはさまざまです。最初からはっきりと感じられる人もいれば、初めはかすかにしか感じられない人もいるでしょう。しかし、特別な才能や感受性が備わっていなければ、感じられないというものではありません。

とはいえ、最初のステップである「右手のひらの微細な感覚」がわからないと言う人がいるのも事実です。うまくいかなかったからといって、決して失望しないでください。

私たちの頭と体はこれまで見事に分断され、長い間生首状態で生きてきました。その状態から、今初めて内なる体に意識を向けようとしているのです。まったく経験のないことをやろうとしているのですから、初めは時間がかかる場合もあります。

こんなふうに考えてください。

たとえば、あなたの後ろにきれいな花が咲いていたとします。今は見えませんが、誰かに花の存在を教えられ、首をひねって後ろを向けば、確実に見ることができます。

また、あなたが畳の部屋にいたとします。意識しなければ畳の目までは見ていません。

でも、畳の上に視線を落として、その「目」を観ようとすれば、ひとつひとつの形を確認することができます。

それと同じです。そこにあるものに意識を向け、観ようとすること。この姿勢が大切なのです。

それでも、心や体に緊張があると、微細な感覚を感じにくい場合があります。

普段、心身ともにストレスにさらされていると感じる人は、瞑想前に軽いストレッチやヨーガをおこなうとよいでしょう。また、初めに腹式呼吸をしながら丁寧に呼吸を観ていくことが、微細なエネルギーを感じるためのベースとなることも、覚えておいてください。

微細なエネルギーを感じるにあたって、もうひとつ大切なポイントがあります。

シンキングマインドの問題です。微細な感覚は、シンキングマインドが手放されたところでしか、感じることはできません。両者は、両立不可能です。

ですから、強烈な映画を見続けシンキングマインドが猛烈に発達している人は、最初は微細な感覚が感じにくい場合があります。ブロックが働いている可能性があるのです。

本来なら、右手のひらの感覚を感じることが、シンキングマインドを手放すスイッチとなります。

シンキングマインドが落ちた時点で体に変化が起こり、微細な感覚がさらに立ち上がってきます。そこには非常にイキイキとしたエネルギーの領域が広がっています。

しかし、準備ができていないと、スイッチが入りません。シンキングマインドががんばっているため、微細な感覚が出てくることができないのです。

だからといって、「絶対に微細な感覚を感じるぞ」「シンキングマインドを落とすぞ」と力むのは、エゴの延長でしかありません。

初めは自転車の乗り方や逆上がりを覚える時と同じように、練習を繰り返して感覚をつかむことです。微細な感覚とシンキングマインドの問題については、193ページでもお話しします。ぜひ参考にしてみてください。

パート2 慈悲の瞑想

この瞑想では、あなたが生まれて初めて感じるあたたかい慈悲というエネルギーで、自分自身を包み込みます。

パート1で体の微細な感覚を観て、あなたは映画の上映を止めることができました。あなたは「これまで自分はずっと映画を見ていたのだ」と実感できたはずです。

映画がストップした今、この瞑想をおこなうことで、あなたの中にこれまでまったく出会ったことのないエネルギーが現れてきます。それが慈悲です。

慈悲は内側からこんこんと湧き上がり、ネガティブなエネルギーを浄化してくれるでしょう。

なぜ、慈悲が湧いてくるかというと、もともとそこに「ある」からです。しかし、慈悲も、体の微細な感覚と同じように、私たちは今まで感じたことはありませんでした。

さまざまな感情や思いによって覆い隠され、心の奥深くに眠っていたのです。

もちろん、「言葉」で慈悲を語ることはできます。「慈悲深く生きよう」と決意することはもできます。

けれど、今までそれは絵空事に過ぎませんでした。あなたが本当に実感をもって、「純度100％」の慈悲を感じられていたかといえば、そうとは言えないでしょう。ネガティブな映画を上映したまま、慈悲を感じることは不可能ですから。

青空として生きることは、純度100％の慈悲をもって生きること。生きる主体を、エゴから慈悲に「ピッチャー交代」させることです。

この瞑想では、「自分自身」「好きな人」「赤の他人」「嫌いな人」の4つのカテゴリーの人に慈悲を送っていきます。そして最後に、生きとし生けるものすべてに対して慈悲を送ります。それは、あなたに生まれて初めて湧いてくるものでしょう。

慈悲は、すべてを浄化する炎のような力を持っています。

密教でおこなう護摩の炎に護摩木をくべると、一瞬で燃え上がって消えるように、慈悲の炎は、怒りやイライラ、悲しみなど、ネガティブなエネルギーを一気に燃やし尽くします。不安や怒りなどを消す強烈な浄化の力を持っています。

ネガティブなエネルギーが消えた時、慈悲に満たされた生きる力が湧いてきます。

この瞑想は、仏教の伝統的な瞑想のひとつですが、人生を変えるための大きな後押しとなります。

◇慈悲の瞑想・手順

【この瞑想から始める場合】

事前に、パート1「体の微細な感覚を観る瞑想」①〜⑩を5分程度でおこないます。

【パート1から続けておこなう場合】

①腹式呼吸をゆっくり繰り返しながら、まず自分自身に慈悲を向けていきます。心の中で次のように4、5回繰り返して念じ、慈悲の気持ちが湧き上がってくるのを感じてください。

手のひらを下に向ける

私が幸せでありますように
私がすべての苦しみから解放されますように

＊このふたつの文言は、慈悲を呼び覚ます「呼び水」となります。長い間使っていない井戸から水をくみ上げる時、すぐには水が上がってきません。しかし、ポンプに少し水を入れると、それが呼び水となって、勢いよく水がほとばしり始めます。
同じように、初めに言葉を使って刺激を与え、慈悲を湧き上がらせるのです。ですから、言葉は「呼び水」として、4、5回繰り返せば十分です。自分を愛おしいと思う気持ちが湧いてきたら、そのエネルギーで自分自身を包み込んでください。
＊ネガティブエネルギーがあなたを駆り立てている時は、自分に一番近い自分自身に対して、もっとも厳しくあたってきたはずです。自分自身に対して、もっとも不親切だったはずです。だからこそ、まず自分自身にあたたかい慈悲を向けていきましょう。

②あなたの「好きな人」「大切に思っている人」「敬愛している人」をひとり選びます。その人の姿を、1・5メートルほど先にありありと思い浮かべましょう。実際にそこにいて、手で触れられるかのようにリアルなその人は、今穏やかに微笑んでいます。あな

たはその微笑みを見るのが大好きなので、とても嬉しくなります。その状態で、次のように4、5回繰り返し、念じます。

○○さんが幸せでありますように
○○さんがすべての苦しみから解放されますように

＊思い浮かべる人は、両親、子ども、パートナー、先生、友人……。今この世に生きている人であなたが好意や尊敬の念を持っている人、関係が良好な人であれば、誰でも大丈夫です（亡くなった方は除きます）。あなたの好きな人を選ぶことで、慈悲が湧きやすくなります。

あなたが思い浮かべている人の笑顔の裏には、たくさんの痛みや苦しみがあるはずです。その痛みや苦しみをリアルに感じ、その人が苦しみから解放されるように念じましょう。慈悲の気持ちが湧いてきたら、ただ純粋にその慈悲を感じてください。

③あなたが「今日初めて偶然会った人」「道ですれ違った人」などを思い浮かべます。
駅のホームで隣にいた人、コンビニの店員さん、信号待ちで一緒だった人、たった一度

会っただけでも、記憶に残っている人がいるものです。見ず知らずの赤の他人なら、誰でもOKです。②と同じように、その人が笑顔でいるところを思い浮かべて、次のように4、5回繰り返し、念じます。

この人が幸せでありますように
この人がすべての苦しみから解放されますように

＊今あなたが感じているものは、これまで頭の中で「慈悲」だと思っていたものとは、まったく別物のはずです。慈悲は、意志の力で作るものではありません。体に微細なエネルギーが満ち、頭の中のおしゃべりが止み、映画が完全に止まった時、自然に湧き上がるものです。

いったん湧き出た慈悲は、ものすごい勢いで広がっていきます。それは、自分や自分の好きな人だけに向けられるような小さな思いではありません。何十人の枠など軽々と越えていく、とてつもなく大きな力です。ちょうど、真昼の太陽の下では暗闇が存在できないのと同じように、慈悲はすべてのネガティブなものを燃やし尽くします。その慈悲を、偶然会った人へ向けることで、さらに強く大きくしていきます。

④あなたの「嫌いな人」を思い浮かべます。あなたを苦しめる人、傷つける人、悩ませる人をひとり選んでください。②と同じように、その人が笑顔でいるところを思い浮かべて、次のように4、5回繰り返し、念じます。

○○さんが幸せでありますように
○○さんがすべての苦しみから解放されますように

＊あなたの中には、非常に強い慈悲が湧き起こっています。ネガティブな感情は一切入り込めない状態です。今あなたの中にある慈悲は、ネガティブな感情を浄化する力を持っています。普通であれば、嫌いな人を思い出したとたん、その人にされた腹の立つことや悔しいことも一緒に浮かんできて、ネガティブな気持ちになるでしょう。

しかし、赤の他人すら愛おしく思えるあなたは、嫌いな人も自然に愛おしく思い、慈悲を送れます。今湧いている慈悲の力を最大限に利用すれば、それが可能になるのです。

⑤人間を含めた、地球上に生きるすべての命あるものに対して、慈悲を送ります。今と

もに生きているあらゆる存在が幸せであるところを思い浮かべ、次のように4、5回繰り返し、念じます。

生きとし生けるものが、幸せでありますように
生きとし生けるものが、すべての苦しみから解放されますように

＊今、あなたの中に「自分」や「他人」という壁はなくなっています。好きな人も嫌いな人も、無関心な人も、すべての区別がなくなった慈悲の世界にあなたはいます。今、青空であるあなたは、「生きとし生けるもの」そのものです。

あなたが念じてきた慈悲の言葉は、対象者に向けられてきたのではありません。あなたと対象者は分かれていないのです。その言葉と微細なエネルギーに導かれて到達した青空の世界、慈悲の世界で、あなたはすべての生きとし生けるものとつながり、ただ安らいでいます。

⑥目を開けて終了し、静かな感覚のまま日常生活に戻っていきます。

慈悲の瞑想・ダイジェスト

【この瞑想から始める場合】
事前に、パート１「体の微細な感覚を観る瞑想」①～⑩を５分程度でおこないます。

【パート１から続けておこなう場合】
①腹式呼吸をゆっくり繰り返しながら、心の中で次のように４、５回繰り返して念じ、慈悲の気持ちが湧き上がってくるのを感じます。

私が幸せでありますように
私がすべての苦しみから解放されますように

②「好きな人」「大切に思っている人」「敬愛している人」をひとり選び、その人が微笑んでいる姿を、1・5メートルほど先にありありと思い浮かべます。その状態で、次のように4、5回繰り返し、念じます。

○○さんが幸せでありますように
○○さんがすべての苦しみから解放されますように

③「今日初めて偶然会った人」「道ですれ違った人」などを思い浮かべます。その人が笑顔でいるところを思い浮かべ、次のように4、5回繰り返し、念じます。

この人が幸せでありますように
この人がすべての苦しみから解放されますように

④「嫌いな人」を思い浮かべます。その人が笑顔でいるところを思い浮か

べて、次のように4、5回繰り返し、念じます。

○○さんが幸せでありますように
○○さんがすべての苦しみから解放されますように

⑤人間を含めた、地球上に生きるすべての命あるものに対して、慈悲を送ります。今ともに生きているあらゆる存在が幸せであるところを思い浮かべ、次のように4、5回繰り返し、念じます。

生きとし生けるものが、幸せでありますように
生きとし生けるものが、すべての苦しみから解放されますように

⑥目を開けて終了し、静かな感覚のまま日常生活に戻っていきます。

◇慈悲を呼び覚ますには

体の微細な感覚と同じように、慈悲はすべての人の中にあります。しかし、瞑想を始めて、すぐに慈悲が湧いてくる人とそうではない人がいます。どんな人も慈悲を持っているように、どんな人にもブロックが存在し、人によってその大きさが違うからです。ブロックを外すポイントは、シンキングマインドをどれだけ止められるかにあります。慈悲は、シンキングマインドとはまったく反対のところに存在します。ですから、シンキングマインドの延長線上で、自分も含めた人の幸せをどれだけ必死に願っても、慈悲は少しも湧いてこないでしょう。

そこに慈悲はないのです。慈悲が存在するのは、シンキングマインドを超えたところです。

私は、その場所を「慈悲の部屋」と呼んでいます。慈悲の部屋の中には、最初からそこにしつらえてあった調度品のように、慈悲が存在しています。その部屋に入らない限り、慈悲を呼び覚ますことはできません。

ここは、大きなポイントですから、きちんと押さえておいてください。

もう少し補足しましょう。

この瞑想では、最初に自分自身に対して慈悲を送ります。これには、理由があります。自分に対して慈悲を送る時に、エゴが残っていると抵抗が生まれるはずです。エゴは、自分のことを「私はこんな人生を送ってきた、こんな人間だ」と決めつけます。その意識でいる限り、自分の幸せを願うことができないのです。

では、どうすれば慈悲を送れるかというと、エゴに縛られた場所から出るしかありません。慈悲の部屋に入るということです。

それは、体の微細な感覚を感じることで実現できます。パート1で微細な感覚を感じていくのは、自分（エゴ）の「外」に立つためです。慈悲の瞑想では、その場所から自分自身を包み込むようにして、慈悲を送ります。

今、イメージが湧きづらくても大丈夫です。呼吸とともに体の内側を観ていけば、必ずその感覚がつかめるでしょう。

ですから、もし初めに慈悲が感じられなくても、くれぐれも自分はダメだと思わないように。そのような思考に走るとエゴの思うつぼです。

慈悲の感覚が体感としてわからない場合は、ある程度の期間はパート1の瞑想を続け、焦ることなく進んでいきましょう。

時には、嫌いな人に慈悲を送るプロセスで、抵抗が湧いてくる場合もあります。偽善的だと感じる人もいるかも知れません。どうしても無理ならその時点でやめて、日を改めてパート1からやってみてください。

しかし、誰かを嫌うことで苦しんでいるのは自分自身です。そのことは学んできましたから、あなたは、「今、自分が誰かを嫌っていて、そのことで苦しみが生まれている」という事実は認識できているはずです。

つまり、その人に慈悲を送ることができたら、その苦しみを乗り越えられるというところまでは来ているのです。もうリーチはかかっている。そう考えて、瞑想を日々続けてください。

嫌いな人に慈悲を送るのは、誰にとってもハードルの高いものです。だからこの瞑想では、慈悲を送りやすい対象から順に進めていきます。順番に丁寧に進んでください。

パート3

呼吸を観る瞑想

私たちは24時間呼吸をしていますが、普段はそのことを忘れています。考えごとや感情に注意が奪われているからです。

しかし、私たちの意識とはまったく別のところで、常に私たちの命を支えてくれているのが呼吸です。どんなに激しい恐怖に襲われている人でも、絶望のどん底にいる人でも、執着にがんじがらめになっている人でも、そんな心の状態とは一切関係ないところで、みんな呼吸をしています（ただし、非常に浅い呼吸になっていますが）。

呼吸にしっかりと意識を向けることができたら、どんなに恐ろしい嵐が来ても大丈夫です。自分の体という「大地」としっかりつながっていけます。感情の荒波に巻き込まれることはありません。

この瞑想では、呼吸に意識を向けることで、「今ここ」にいることに完全に気づいていきます。呼吸はどんな時も、気づきのための「補助線」となります。呼吸をただ観ていくシンプルな瞑想だからこそ、大変重要な瞑想であり、青空の中に深く入っていけるのです。

◇呼吸を観る瞑想・手順

【この瞑想から始める場合】

事前に、パート1「体の微細な感覚を観る瞑想」①〜⑩を5分程度でおこないます。

【パート1（またはパート2）から続けておこなう場合】

パート3での手の置き方。パート2と同様に手のひらを下に向け膝を軽く包むようにするか、法界定印を組む。

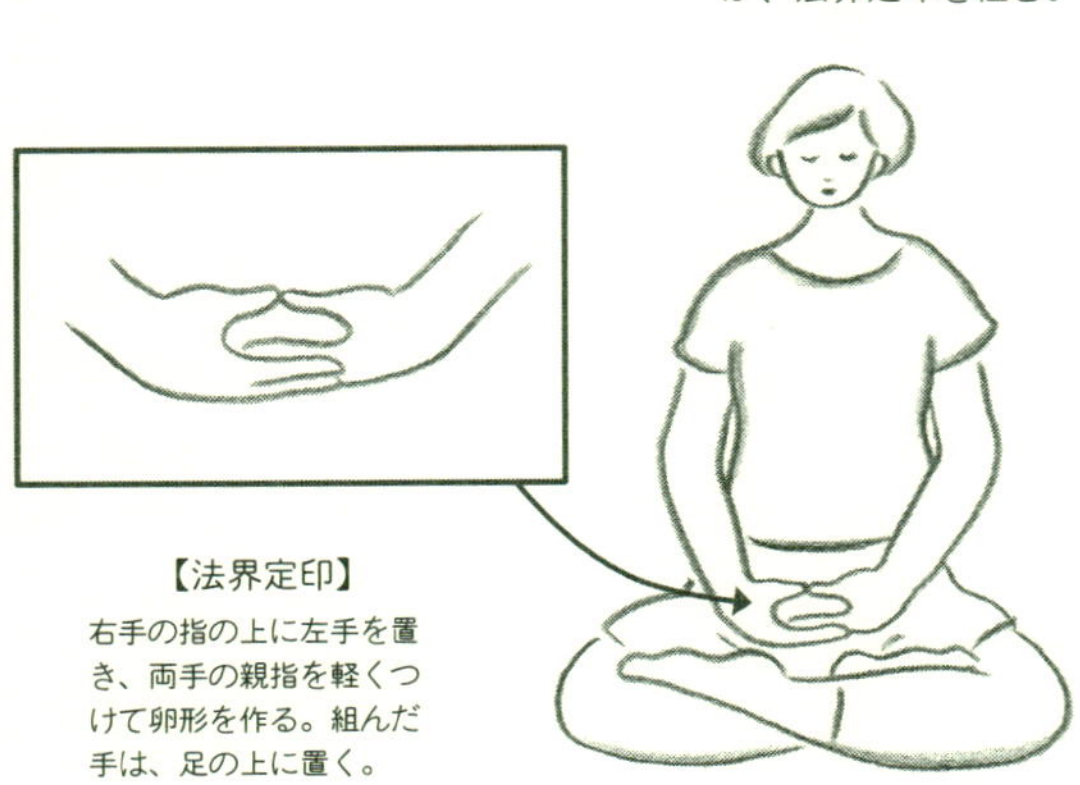

【法界定印】
右手の指の上に左手を置き、両手の親指を軽くつけて卵形を作る。組んだ手は、足の上に置く。

①鼻先に意識を向け、吸う息と吐く息を感じます。鼻の入口に門番がいて、体に出入りする息を観ているようなイメージです。ゆっくり腹式呼吸をしながら、吸う息の「始まり」「真ん中」「終わり」を、それぞれしっかりと意識します。鼻先で、体に入ってくる空気と出ていく空気を感じてください。

＊家の門に立って客の出入りをチェックする門番のように、常に、意識の中心は鼻の入口に置きます。ただし、プレッシャーをかけないよう「軽く」置いてください。鼻先だけを集中的に観るのではなくて、意識の中心をそのあたりに置くようなイメージです。

＊「始まり」「真ん中」「終わり」を意識するのがむずかしい場合は、「息が入っているな」「出ているな」と意識するだけでもかまいません。最初は、吸っていること、吐いていることに気づき、心が落ち着いてから「始まり、真ん中、終わり」を観るほうがよいでしょう。

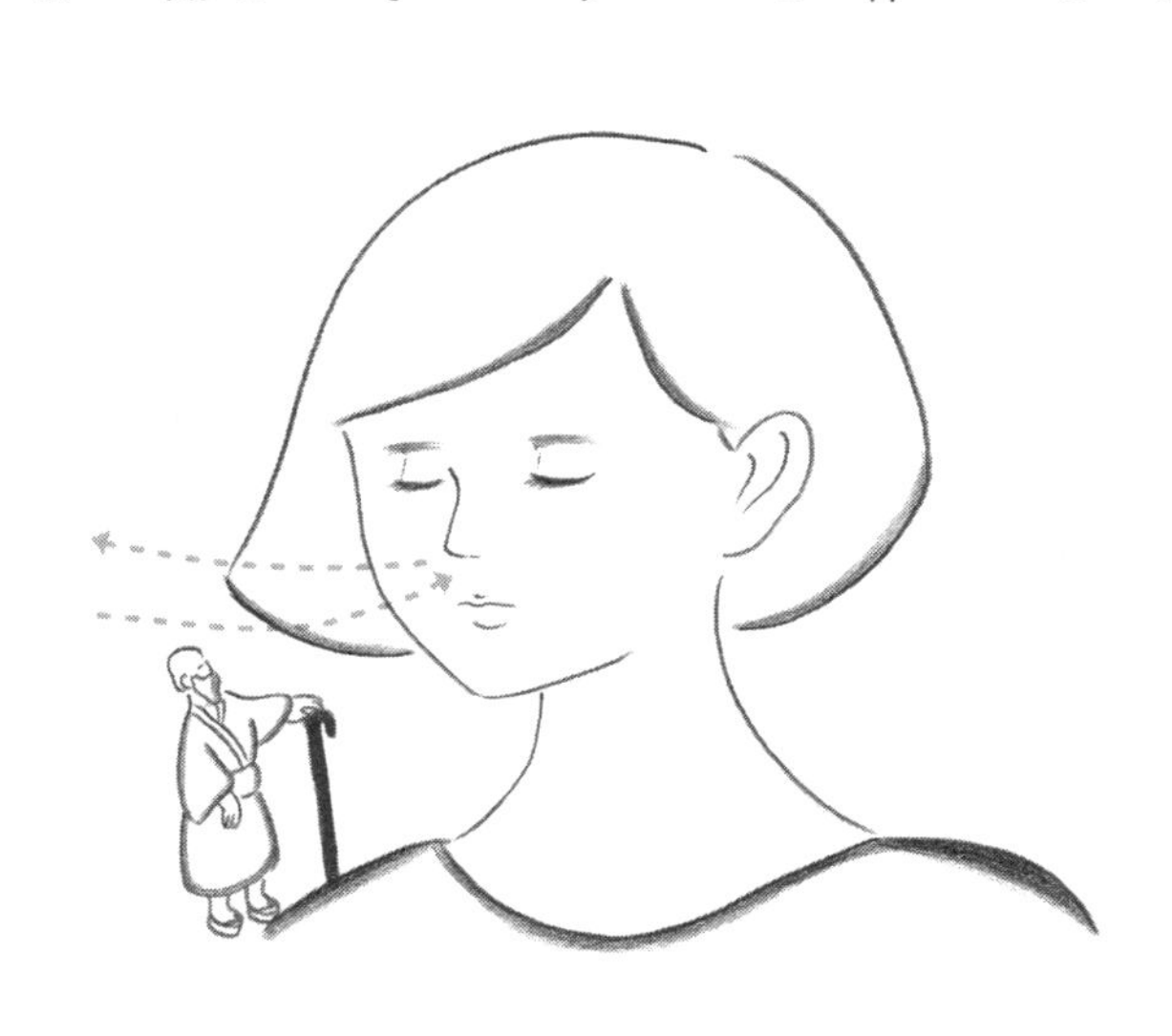

②次第に呼吸は穏やかになり、やがて非常に微細な呼吸へと変わっていきます。その変化に気づきながら、①を続けます。

＊普段私たちが呼吸をしていることを忘れているのは、意識があちこちへ飛んでいることが原因です。この瞑想では、淡々と呼吸に意識を向け続けることで「今自分がこの場所にいて、息を吸って吐いていること」を感じていきます。

③目を開けて終了し、静かな感覚のまま日常生活に戻っていきます。

◇呼吸を観るために

この瞑想では、青空の中にいる「判断や批評を加えず、すべてを受け入れ、気づいている状態」で、呼吸を観ていきます。これが「呼吸に気づいている」ということです。

今この瞬間に完全に気づいていること。つまり、「吸っていること」に気づき、「吐いていること」に気づく。それだけで完璧です。

「何かのビジョンが見えるかも」「すごい感覚を感じられるかも」と期待してしまったら、完全に「今」にいることはできません。「呼吸を観る」という行為が、単なるエゴを満たすための手段になってしまいます。そうなると、結局は未来に期待して生きるエゴのパターンから抜けられません。

何も期待せず、何も待ち望まず、ただ淡々と呼吸に気づいていきましょう。

パート4 歩く瞑想

歩く瞑想では、呼吸や体の感覚を感じながら「今」に集中して歩くことで、心の静けさを培います。

普段あなたは、どのように歩いているでしょうか。急いでいても、あるいはゆっくり散歩していても、頭の中ではいろんなことを考えながら、肉体を忘れ、上の空で歩いているのではないでしょうか。

お釈迦様は、人間の行動を「行住坐臥（ぎょうじゅうざが）」の4つに分けました。「歩いて、立ち止まり、坐って、寝る」この4つすべてにおいて、瞑想を実践することが大切だと説かれました。

4つの行動様式すべてで、「今ここ」に気づいているための実践が、これまでご紹介してきた3つの瞑想であり、この歩く瞑想です。

歩くという行為の中で瞑想をすると、瞑想することの意味が、よりクリアになっていきます。どういうことかというと、私たちが瞑想するのは、「瞑想に基づく生活」のためだということが、はっきり意識できるようになるのです。

だから、仏教の伝統の中で、歩く瞑想はとても大切な位置を占めてきました。


私たちは今、瞑想によって1日の生活そのものを変えようとしています。

歩くことは、非常に日常的な行為です。その平凡な動作の中で、完全に「今ここ」に気づいている。それがたとえ15分であっても、残りの時間に大きな影響を与えないわけがないのです。


「坐ること」と同時に「歩くこと」に意識を向けて瞑想していくことで、行住坐臥のすべてが瞑想的な時間になっていきます。シンキングマインドが静かになっていきます。

人が変化する時、心だけが変わるということはあり得ません。心は、体と連動して変わっていきます。人間の感情は体と結びついているからです。

心が縮こまっている時は、体もギュッと縮こまっています。心配や不安から解放されたら、体もフッとゆるんでいきます。

歩く瞑想は、心と体を同時にゆるめます。そのうえで、「今ここ」に気づいていくための瞑想です。

歩く瞑想には、室内と屋外の2種類があります。

【室内バージョン】

6畳以上の部屋や廊下などでおこなってください。屋内で2～4メートルあれば大丈夫です。

【屋外バージョン】

公園や遊歩道、人通りの少ない道など、車の心配のない場所でおこないます。できれば、樹木や植物がある場所を選んでください。

海岸や川辺、森林や草原などでおこなうと、自然のエネルギーが感じられてさらによいでしょう。朝夕の散歩代わりにおこなうと習慣化しやすくなります。

◇歩く瞑想（室内バージョン）・手順

①体の力を抜いて立ち、手を後ろに組んで、視線は斜め下45度のあたりへ向けます。

＊背筋は軽く伸ばします。首が曲がったり、肩に力が入ったりしないよう注意してください。足裏の感覚を感じやすくするために、できれば裸足でおこなうとよいでしょう。

②歩き始める前に、深い呼吸を3回繰り返します。息を吸って吐きながら、ゆっくり1歩踏み出します。同じように、息を吸って吐きながら2歩目を踏み出しましょう。

＊息を吸って、吐いていることに気づきながら、1歩ずつ歩きます。同時に、片足が上がり、前に出て、かかとが床に着き、体重が移動し、つま先まで着く。次に、もう片方の足が上がり、前に出て、かかとが床に着き、体重が移動し、つま先まで着く……。これらひとつひとつの動きに意識を向けていきます。

歩くとは、実は非常に複雑な動作です。その複雑なことをやっている体の動きをすべて感じながら歩きます。

ひと呼吸で、ゆっくり1歩を踏み出す。片足が上がり、前に出て、かかとが床に着き、体重が移動し、つま先まで着く。ひとつひとつの動きに意識を向けながらおこなう。

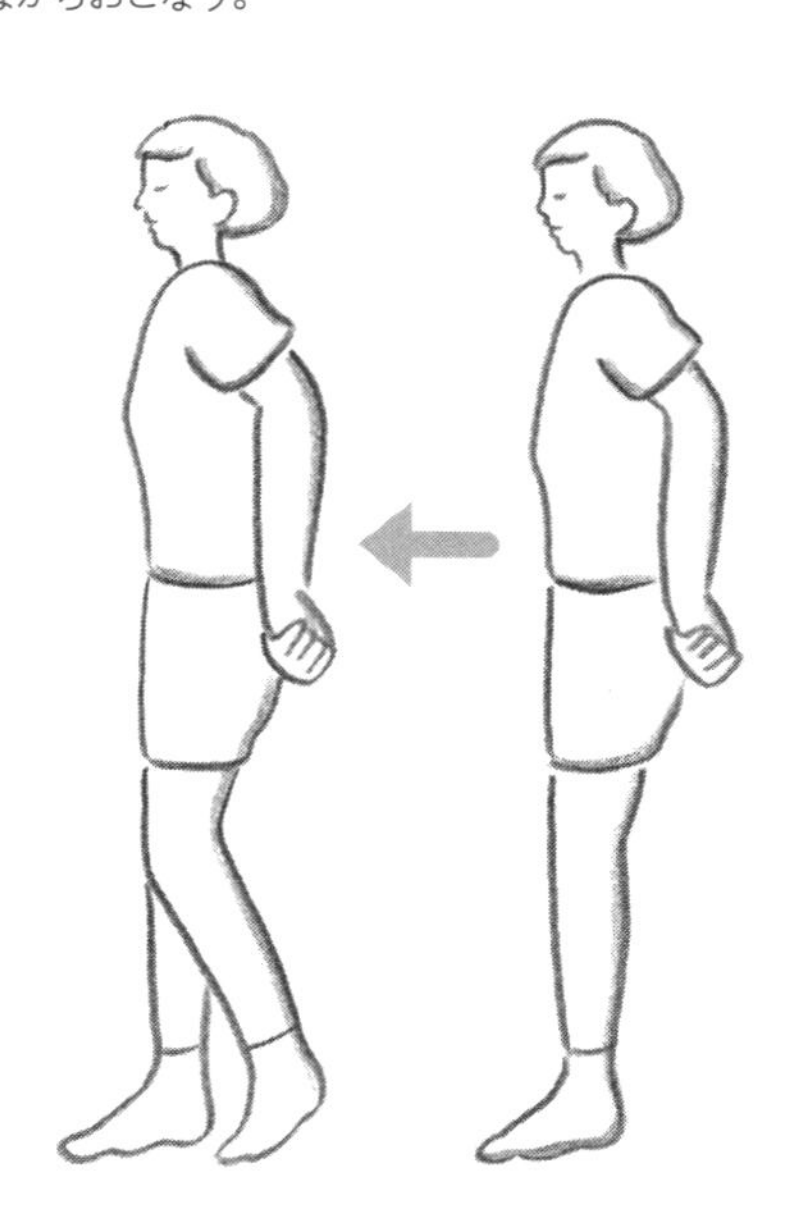

③自然な歩幅を保ちながら、②の要領でゆっくり歩きます。壁が近づいたら折り返しましょう。

＊自分が息をしつつ歩いていることに気づきながら、歩みを進めます。体全体にも、周りで起こっていることにも気づいている。そういう状態です。すると、自然に歩幅が小さくなるはずです。
＊もし胸式呼吸になっているようだったら、腹式呼吸に戻しましょう。

④最後に息を吐いて、終了します。

◇歩く瞑想（屋外バージョン）・手順

①体の力を抜いて立ち、手は後ろに組まず、ゆっくり散歩するような自然な歩き方でおこないます。

②歩き始める前に、深い呼吸を3回繰り返します。息を吸いながら3、4歩歩き、息を吐きながら3、4歩歩きます。自分の歩みと呼吸のふたつに意識を向けながら、歩きましょう。

＊周囲の人から見たら、普通の散歩に見える速さです。歩幅は少し小さめのほうが歩きやすいでしょう（呼吸に意識を向けながら歩くと、自然に小さな歩幅になるはずです）。
＊屋内でおこなう場合と同じように、かかとやつま先が地面と接触する感覚、体の重心が移動する感覚、足を上げ下げする時の感覚を丁寧に感じていきます。
＊坂道や階段が来たら、息が上がらないように、一息ごとの歩数を減らしてペースダウンしてください。自然な歩き方で、歩数と息がシンクロすることがポイントです。自分に合った呼吸のタイミングを見つけましょう。

息を吸いながら3、4歩、吐きながら3、4歩歩く。足の動きの感覚ひとつひとつに意識を向けながらおこなう。

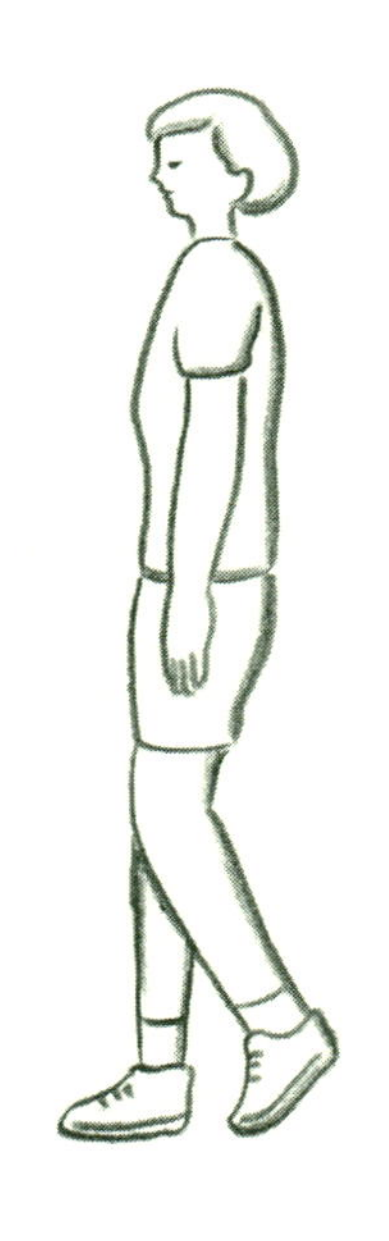

③自分が「今だ」と思うタイミングで時々立ち止まり、その場でゆっくり呼吸を数回繰り返します。

＊呼吸に意識を向けながら、自分が「今ここ」に立っていることに気づきます。体の感覚や自分がいる場所を丁寧に感じていくと、「今この世界に自分がいる」と実感できるでしょう。歩いている時もこの気づきを大切にしましょう。

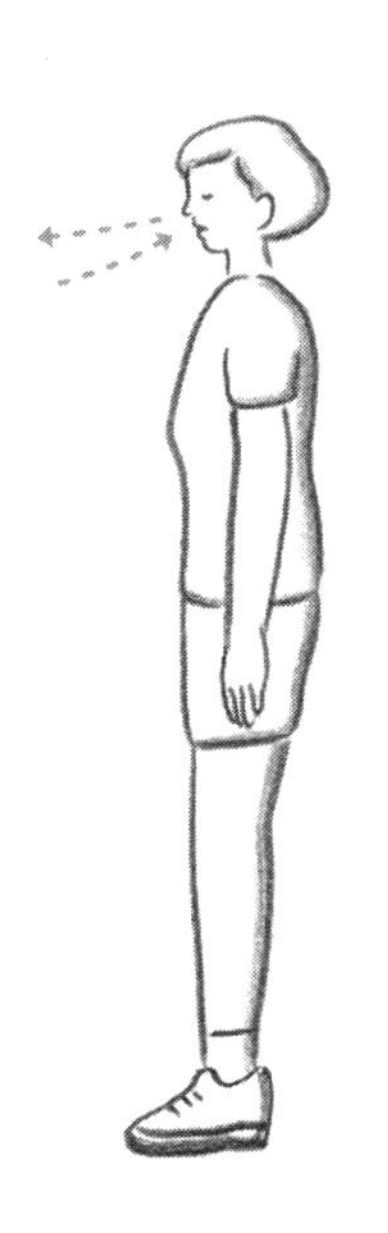

④再び歩き始めます。その後も、自分のタイミングで時々立ち止まりながら、歩く瞑想を続けましょう。

＊信号待ちをする際は、体の力を抜いて立ち、呼吸に意識を向けていてください。

＊シンキングマインドから解放され、呼吸に気づき、ひとつひとつの歩みに気づき、周りの木々や空にも気づいている状態になっていきます。そうすると、周りの景色が普段とはまったく違って見える

でしょう。この時、特に注意しなくても、自然に腹式呼吸になっているはずです。
心は完全に「今ここ」にいながら、世界が美しく輝いて見えたら、瞑想はうまくいっています。

⑤最後に息を吐いて、終了します。

◇歩く瞑想を深めるために

歩く瞑想では呼吸に気づきながら、同時に、歩くことにも意識を向けていきます。ですから最初は、並行して複数のことに気づくという感覚がわからず、ぎこちなくなってしまうかも知れません。

しかし、不安に思う必要はありません。歩いているうちに慣れてきます。私たちには、同時進行でいくつものことに気づける能力が備わっています。実際に歩いてみると、次第にその感覚がわかっていくはずです。

屋外バージョンでは、自分の呼吸と体に意識を向けながら、陽射しのあたたかさ、風が頬を撫でる感触、葉ずれや鳥のさえずりなどを淡々と受け止めましょう。そして、草や木などの周囲の風景、起きていることを、ただありのままに観ていきましょう。

そうすることで、映画に夢中になっている普段の状態から、自分の体に意識が引き戻されます。

普段の私たちは、道を歩いていても、明日の仕事の段取りや過去の嫌な記憶に夢中で、頭の中は過去や未来に飛んでいます。ですから、道端の景色を観ているようで、まったく観ていません。

しかし、あなたが呼吸を手放さず、ステップのひとつひとつに気づいていれば、いつもは見過ごしていた空の青さや木々の緑が鮮やかに目に入ってきます。これが、マインドフルネスな状態でいるということです。

その時、植物や太陽の光、山々や海などが輝き、世界がいつもより美しく感じられます。そして、「自分は今、この世界にいる」ということが実感できるはずです。

歩く瞑想で大切なことは、「何かのために」歩かないことです。

これまでもお話ししてきましたが、「歩くことで何かいいことがある」「新しい発見ができる」と期待するのは、鼻先にニンジンをぶら下げて走る馬と同じです。

言うまでもありませんが、そもそも歩くという行為自体が、目的地に行くためですね。仕事や学校に行くため、家に帰るため、人に会うため……さまざまな目的のために、私たちは日々歩いています。

歩く瞑想では、その逆のことをします。何かに到達するためではなく、「歩くために歩く」のです。それは、今までの人生の中で、あなたがやってこなかったことでしょう。日常の中で空き時間があれば、20分でも30分でもいいので、歩く瞑想をやってみてください。たとえばお昼休みにランチを食べた後、近所の公園で。あるいは、朝少しだけ早く起きて。

あくまでも補助的な位置づけになりますが、通勤や用事のために歩く時間を瞑想に変えることもできます。歩く時の心の持ちようを変えるだけで、単なるウォーキングが「ウォーキングメディテーション」になるのです。すると、日頃、置き去りにしている肉体が戻ってきます。

歩くことと呼吸に意識を向けることをきっかけにして、シンキングマインドから自由になり、気づきが深まる。これが、歩く瞑想のもたらすものです。

強烈な怒りが湧いた時の緊急避難法

怒りは、さまざまな感情の中でもっとも扱いづらいもののひとつです。いったん怒りが湧くと、それは激流のように暴れ出し、時に火山のように爆発します。

強烈な怒りに襲われた時に、その衝動のまま行動したり、言葉を発したりしてはいけません。相手も自分も傷つけることになります。

すぐやらなければならないことは、今「怒り」という映画が進行しているのだと気づくこと、そして映画をストップさせることです。

そのためには、「今自分の中にある何かが刺激され、ネガティブな映画を上映し始めてしまったな」と、正しく認識することが大事です。そうすると、映画の中に入り込んで誰かを攻撃するのか、映画そのものを止めるのか、自分の取るべき行動が見えてきます。

禅仏教には「退歩」という考え方があります。人は、常に前へ前へと向かう性質を持っていますが、あえて後ろに下がり、自分自身を客観的に観るというものです。

特に、怒り、嫉妬や緊張などネガティブな感情が湧き、パニックに陥った時には、「退歩」を意識しましょう。自分のネガティブな感情の対象だと思うものから距離を置くのです。

具体的な対処の仕方はいくつかあります。

①物理的に距離を置く
まずは、その場から離れることです。仕事中であれば、席を立ってトイレに行く。子どもやパートナーに対して怒りが湧いてきたら、隣の部屋に行く。または、外出する。そうすれば、どんなに激しい怒りでも数分もすればおさまります。

②呼吸を3回観る
鼻に意識を向け、腹式呼吸をゆっくり3回おこない、呼吸を観ます。ネガティブな感情でいっぱいになっている時、その状況から抜け出すためには、それとは別のものに意識を向ければいいのです。それが、呼吸です。息を吸って吐くという「現実」が、激し

い感情から救い出してくれます。

③屋外で歩く瞑想をする

パート4「歩く瞑想（屋外バージョン）」をおこないます。できれば、自然の感じられるところがよいでしょう。自然を感じながら歩いているうちに、高ぶった感情をクールダウンできるはずです。

④体を動かす

スポーツやヨーガなどができれば理想ですが、その場で肩や首を回したり、伸びをしたりするだけでも効果があります。仕事中や会議中で席を立てない時は、体に気づきながら首を左右に曲げ、肩を軽く上げ下げしたりするだけでもいいでしょう。

眠れない夜のための瞑想

日中の緊張が十分解消されず、神経が高ぶって眠れない時におこなうとよい瞑想です。

日中は常に気を張り詰めているため、自分では気づかないうちに緊張がたまっています。この瞑想をおこなうと、ストレスや不安、イライラが静まってリラックスでき、寝つきもよくなります。

①布団の上に「大の字」に寝ます。

②鼻に意識を向け、腹式呼吸をゆっくり3回おこない、呼吸を観ます（慣れないうちは、この時下

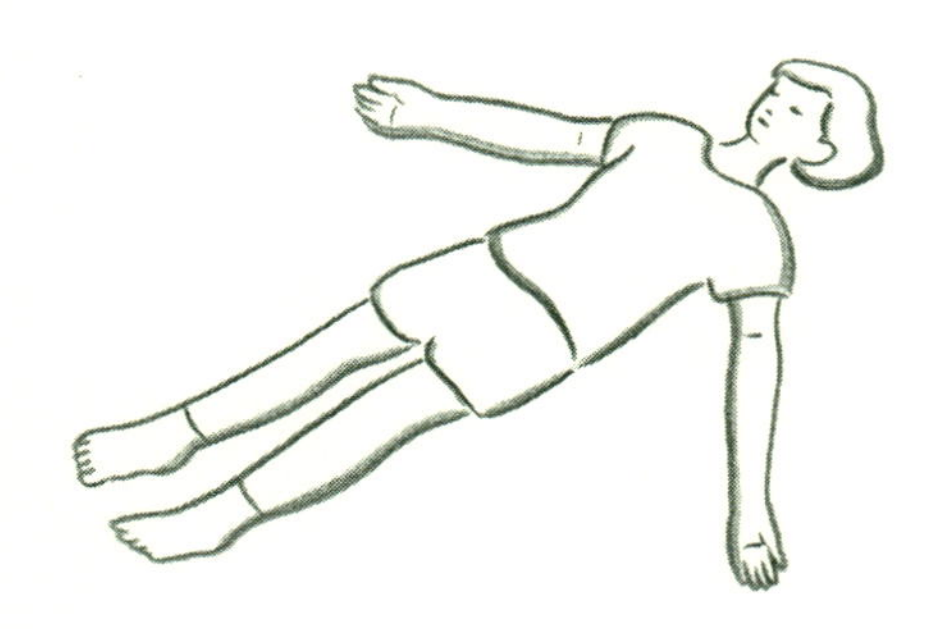

腹部に手をあて、呼吸に合わせて上下しているか確認しましょう）。

③パート１「体の微細な感覚を観る瞑想」をおこないます。右手のひらに意識を向け、微細な感覚を感じ、その後、体全体に広げていきます。

④体全体で微細なエネルギーを感じながら、青空に溶け込んでいく自分を感じましょう。

⑤十分感じきったと思うまで続けます。そのまま寝てもよいでしょう。

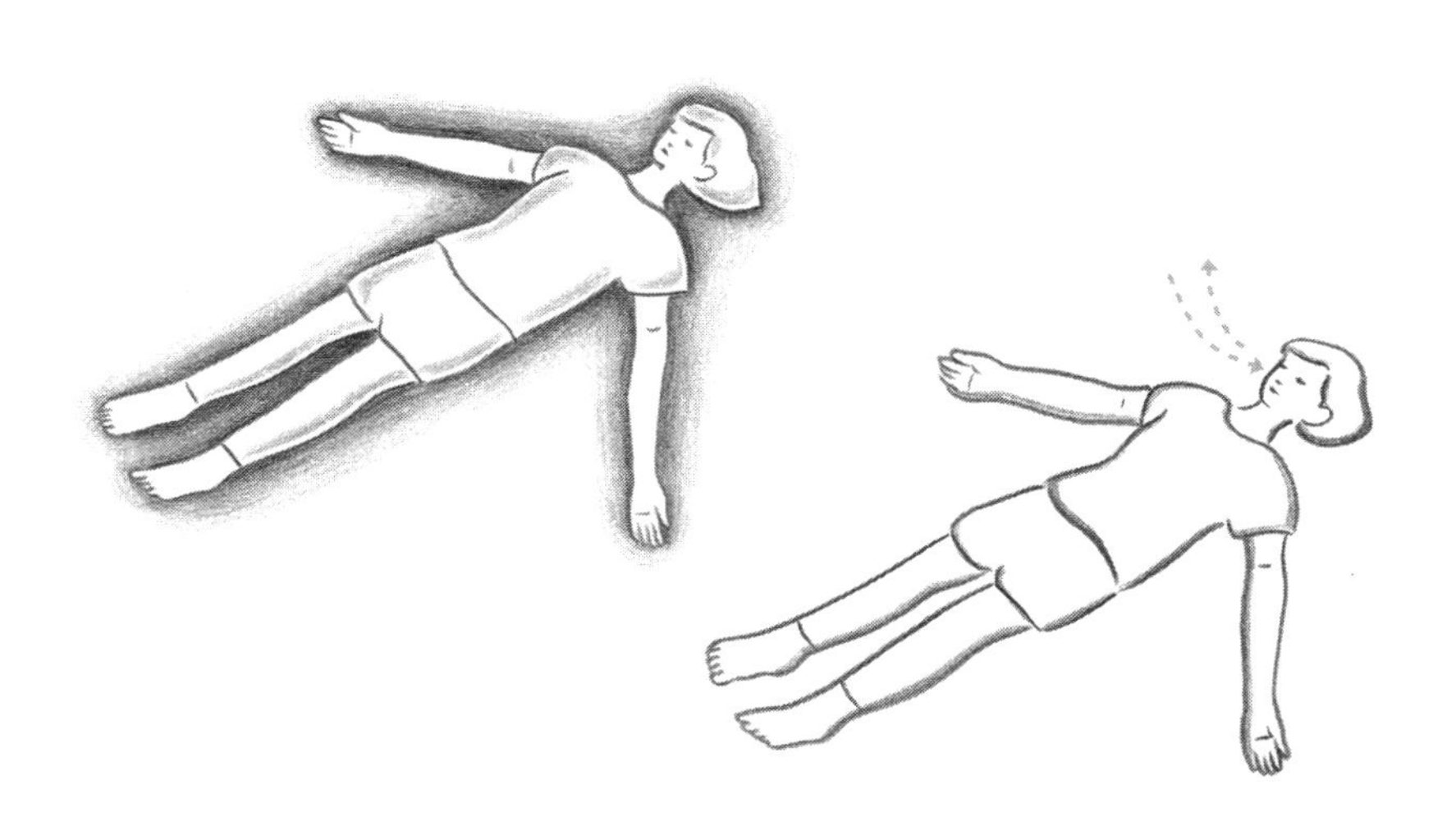

瞑想を正しく続けていくためのQ＆A

瞑想は、一生続く実践です。だからこそ、正しい方法で続けていかなければなりません。これまで指導する中で多く寄せられた質問に、Q＆Aの形でお答えしていきます。もしかすると、初心者である今のあなたには、よく理解できない部分があるかも知れません。しかし、今後瞑想を続けていく上で、これからお話しすることは必ず役に立つはずです。先輩たちの体験から学んでください。

Q

瞑想中に、よく雑念が湧いてきます。どうすればいいでしょう。

A

瞑想して初めて、私たちは自分に「雑念」があることに気づきます。しかし、「雑念」と雑念ではない「よい思い」の2種類があり、雑念はダメで、他のよい思いであればいいという話ではありません。私たちが普段考えていることは、すべて「雑念」です。問題なのは、雑念ではなく、私たちのシンキングマインドそのものにあるのです。

もし瞑想中に、雑念が湧いてきたら、「初めて自分のシンキングマインドに気づけた」と思ってください。

あなたの言う雑念は、何度追い払っても湧いてくるでしょう。その時あなたは、自分のシンキングマインドが、あまりにも思い通りにならないことに気づくはずです。

しかし、シンキングマインドと戦ってはいけません。呼吸に意識を向け、体の微細な感覚を観ていくことです。そのふたつが瞑想を導きます。

大切なのは、シンキングマインドという暴れ馬を押さえつけたり、殺そうとしたりしないことです。2章でお話ししたように、この暴れ馬は、そもそも私たちのOSに組み込まれています。ですから、殺そうと思っても殺せるものではありません。それどころか、シンキングマインドは、私たちが生きていく上でものすごく大切な存在です。

なぜなら、ポジティブなこともたくさんやってくれるからです。誰かを助けたり喜ばせたりする方法を考えるのも、建設的な仕事のやり方を考えるのも、創造的なアイデアを現実的な形にするのも、シンキングマインドの仕事です。

ただ残念なことに、自分で手綱を取ろうと思っても、暴れ馬はまったく言うことを聞いてくれない。これが、問題なのです。

それ以上に問題なのは、私たちが自分自身を暴れ馬であるシンキングマインドだと思っていることです。

暴れ馬（シンキングマインド）が暴れ馬を制御できるはずがありません。

だから、暴れ馬である「ウソの自分」から、青空である「本当の自分」へと、大転換を起こす必要があるのです。

その大転換が起これば、私たちは暴れ馬を自由自在に扱えるようになります。そして、暴れ馬だったシンキングマインドは、価値ある仕事をやりとげたり、建設的な人間関係を結んだりするために働きます。あなたを幸せにする方法を考える方向に走り始めます。その先に、シンキングマインドから自由になった、青空としてのあなたがいます。

Q

初心者の私に、瞑想がうまくできるかどうか不安です。

A

初めから瞑想が上手にできる人は、ほぼないでしょう。でも、それでいいのです。瞑想がうまくいかないという体験をして初めて、あなたは自分のシンキングマインドに気づけるのですから。そこからが、すべてのスタートです。

今あなたがどんな状況であったとしても、「私＝青空」です。そのことに変わりはありません。そして、その認識がしっかりと自分の中にあれば、必ず瞑想は深まっていきます。そこに絶対の信頼を置いてください。

瞑想の手順に慣れるまでは、私のサイトで公開している音声指導に従って瞑想すると、感覚がつかめるはずです。もし可能なら、坐禅会にも足を運んでくださるとより理解が深まるでしょう。坐禅会の情報をサイトでお知らせしていますので、ぜひ参考にしてみてください。

Q

瞑想をしていると、すぐ眠くなってしまいます。そのまま寝てもいいでしょうか？

A

眠気を感じるのには、理由があります。私たちは今まで、周囲の環境から、そして自分自身のシンキングマインドから、強烈な刺激を浴びながら生きてきました。

たとえるなら、ロックコンサートの大音響の中で生きてきたようなもの。感覚はすでに麻痺(まひ)しています。

そんな状況で瞑想を始め、刺激が一気に少なくなると、眠くなるのは当たり前なのです。それだけ激しい刺激にさらされながら生きてきたのですから。

しかし、だからといってそのまま寝てしまうのは、瞑想ではありません。

眠気の対処法はいくつかあるので、ご紹介しましょう。

・疲れていると眠くなります。初めは、心身ともに疲れ切った夜ではなく、朝、瞑想をおこなうといいでしょう。しかし、寝不足ではまた眠くなります。たっぷりと睡眠をとり、疲れを取ってください。

・瞑想に入りやすくするための環境をきちんと整えます。掃除をして、お線香を焚き、清浄な状態で瞑想を始めてください。

・満腹だと眠くなるので、瞑想の前は食べ過ぎないようにします。

瞑想によって微細な感覚が立ち上がると、外から刺激を一切受けることなく、完全に目覚めていることができるようになります。それが、本来の瞑想です。

Q 瞑想中に足が痛くなったら、どうすればいいでしょう。

A

股関節、膝、足首などの柔軟性が低いと、どうしても痛みが出てしまいます。現代では畳に坐ることが減り、西洋人並みに股関節や膝関節の硬い人が増えているため、足の痛みを感じる人は多いかも知れません。

瞑想は、精神面だけでなく、肉体的な面からアプローチしていく実践でもあります。ですから、坐りやすい体を作るためにヨーガやストレッチをして、足の関節回りを柔軟にしていくことも重要になるでしょう。

一方で、体だけでなく、心の状態を整える必要もあります。心が緊張していると、体もこわばり瞑想に入るのを妨げるのです。まずは深く呼吸し、リラックスしましょう。緊張がほどけてくると、次第に痛みが気にならなくなります。

痛いからといって瞑想しながらひんぱんに足を動かしていたら、心が落ち着くことはありません。痛みは止むことなく続きますし、瞑想も深まりません。ですから、ある程度の痛みはこらえ、少し痛みを感じても、なるべく動かさないようにすることが大切です。

しかし、痛みがある時に我慢して絶対に動かさないのも問題です。足を痛める可能性があります。そのあたりのコツや加減は、自分自身で探っていきましょう。

Q

今まで、瞑想する時間が取れなかったり、途中で面倒だと感じたりして、瞑想が続けられませんでした。どうすれば続けられるのでしょうか?

A

「忙しくて時間が取れない」「なんとなく気分がのらない」「集中できない」……。

瞑想したい気持ちはあるのに、そんな理由でなかなか続けられないという話はよく聞きます。

せっかく変わりたいと決意して瞑想を始めたのに、なぜ続けられないのか。

実は、瞑想をうまくいかせないようにしている存在がいるのです。その存在とは、あなた自身。正確に言えば、あなたをこれまでさんざん苦しめてきたエゴです。

エゴにとって、あなたの瞑想がうまく進むのは最悪な事態です。瞑想が深まった青空の世界に、エゴは入り込めないからです。ですから、エゴはさまざまなトラップ（罠）をしかけ、あの手この手でブレーキをかけようとしてきます。必死になって、あなたを止めようとしてきます。

「今日は時間がないから、暇になったらやろう」「最近調子がいいから、瞑想しなくてもいいや」「今はスランプだから、少し時間を置こう」……。こんなふうに考え始めたら、エゴのトラップだと思ってください。

瞑想を始めた人の多くが、エゴのトラップにつかまりそうになります。瞑想がうまくいき始めた頃が要注意です。エゴのしかける詐欺にだまされることなく、瞑想を続けてください。

「瞑想したくないな」と感じ始めた時は、自分が映画にどっぷりと浸った元の世界で生きたいのか、青空の広々とした世界で生きたいのか、よく見極めましょう。

Q

瞑想中に、光や幻想が見える、声や音が聞こえる、体が浮くような感覚がするなど、不思議な体験をします。そのまま続けてもいいのでしょうか。

A

瞑想中に神秘的な体験をするのは、不思議なことではありません。今まで頭という牢獄に閉じ込められてきた人が、青空の世界へと解放されていくのです。体が変容し、これまでと違った経験をするのはごく自然なことです。

しかし、それらの体験は「つまずき石」になる可能性があります。瞑想を深めていく過程で妨げになる場合があるのです。なぜそうなるかといえば、その体験が私たちのシンキングマインドを刺激するからです。

神秘的なことを体験すると、多くの人がその体験に魅了されてしまったり、自分は特別だと勘違いしてしまったりします。また、逆に恐怖を感じてしまう人もいます。時には、神秘体験に導いてくれる人を「グル」だと勘違いし、依存してしまう場合もあります。

たとえば、「光を見た」「光になった」という体験がありますが、青空である私たちは言い換えれば、その本質は「光」ですから、これは当然の経験と言えます。また、恐怖心をあおるような体験は、エゴが見せる単なる妄想に過ぎません。禅の世界には「魔境に入る」という言葉があり、エキセントリックな瞑想体験にとらわれることを強く戒（いまし）めています。

どんな体験も淡々とありのままに受け止め、常に呼吸に意識を向ける。ただ、「今」に気づいている。これが、正しいあり方です。

Q 以前素晴らしい瞑想体験をしたことがあります。もう一度あのような瞑想をしたいのですが、どうすればいいでしょうか。

A

過去の素晴らしかった瞑想体験を、もう一度味わいたいと望む。何年も前の感動的な瞑想を繰り返し思い出して、悦に入る。これは、どちらも瞑想の本質から外れたあり方です。

瞑想中の体験は、すべて「無常」です。同じところにとどまることは一瞬たりともありません。刻一刻と過ぎ去り、刻一刻と新しい発見があります。

自分が過去に何を体験したか、何を発見したかなど、取るに足らないことです。それよりも、今体験すること、今発見することのほうが、圧倒的に面白いのですから。

そして瞑想は、あくまでも「現役」で続けていくものですから。

現役選手にとって、問題なのは「今」だけですね。しかし、瞑想という「実験」に現役で取り組んでいない時、引退選手が昔の活躍を何度も反芻するように、その人は「過去の栄光」にふけります。瞑想においてそれはあり得ないし、あってはいけません。

また、「いい瞑想」ができないと思い込み、自分を否定する必要もありません。さらに、人と自分を比べて落ち込んだり、喜んだりする必要もありません。

瞑想とは、ひとりひとりが「青空としての私」を深めていく体験です。他の何かと比べて序列をつけることなど、できるはずがないのです。

私たちは、科学者が無心で実験にあたるように、瞑想に取り組まなければいけません。瞑想する人は、一生現役でなければいけないし、実験し続けなければいけない。実際に瞑想を続けていけば、面白くて仕方ありません。過去を振り返ったり、他人と比べたりする暇などないはずです。

瞑想は、科学者が次々に真理を発見していくプロセスと同じです。そのプロセスで、科学者に執着などあるはずがありません。青空の広々とした世界と向かい合えば、瞑想体験を小さな頭で判断することが、いかにバカバカしいことかわかるでしょう。

私たちは、不思議な体験をして、それを自慢するために瞑想をするわけではありません。自分の人生を変えるために瞑想するのです。

Q 微細なエネルギーがどうしても感じられません。

A 微細なエネルギーをブロックしているのは、シンキングマインドだとパート1でお話ししました。

この場合のシンキングマインドは、単に「考えてしまう心」のことではありません。その人の核心部分、心の奥深くにある問題や信念のことです。微細なエネルギーを感じる際、これがブロックになっているケースがあるのです。

その人は自分でも気づかないまま、長年大事にそのブロックを持ち続けてきました。ですから、まじめに瞑想しても、ブロックはなかなか外れてくれません。たとえ無意識に持っていたものだとしても、長い間親しんだものを手放すのは怖いからです。

では、どのようにすれば、そのブロックを手放すことができるのか。

ある人を例にお話ししましょう。Aさんが微細なエネルギーを感じられるようになったのは、慈悲の瞑想がきっかけでした。慈悲の瞑想中、Aさんはあたたかい感覚を強く感じ、自分自身に対する深い愛が湧いてきたそうです。そして、こう思ったそうです。

「自分は微細な感覚をまだ感じたことはない。だから今感じているものは、本当の慈悲ではないかも知れない。でも、そんな自分でも、自分を愛することはできるんだ」

そう感じたAさんは、その後も瞑想を続けました。すると、「自分は、どうしようもない雲だと思っていたけれど、そんな自分を許し、愛することができた」と言います。

そうなった時、初めて微細な感覚を感じられるようになったそうです。

Aさんに何が起こったのか説明しましょう。Aさんが抱えていたブロックとは、「自分を愛せない」ということでした。瞑想によって自分を愛する感覚が湧いてきた時、Aさんはそのことに初めて気づきました。その結果、ブロックが自然に外れたのです。

瞑想を続け、自分が抱えているブロックを繊細に観ようとした人は、そこからの抜け道を少しずつ見出していけます。しかし、「ブロックがあるから、微細なエネルギーが見られない。そんなものは存在しない」と結論づけてしまえば、一生「牢獄」の中で生活しなければならないでしょう。

ブロックを外すための抜け道を通り抜けるためには、大きな跳躍が求められます。最終的には、「向こう岸」にジャンプするしかないのです。

いきなり「ジャンプしろ」とは、よけいにむずかしそうですか？　しかし、もしあなたが、流れの速い川の向こう岸に行きたいと思ったら、思い切って跳ぶしかありませんね。その時、必要なのは、向こう岸に対する信頼です。跳ぶだけの「価値ある何か」が向こう岸に存在するという信頼です。

信頼の「信」は、信仰の「信」でもあります。

微細な感覚を感じるために「仏教徒になりなさい」とか「出家しなさい」と言っているわけではありません。ただ、向こう岸を信じ、渡った先にあるものを信頼してください。「信」があれば、あなたは向こう岸へと身を投げ、大きく跳ぶことができます。その時、長年持ち続けていたブロックが外れ、青空の世界への入口が現れるのです。

第5章

瞑想によって、本来の自分を生きる

瞑想を続けると、あなたに何が起きるのか

4章で、ようやくあなたに特効薬をお渡しすることができました。

この薬は、実践してこそ効いてくるものです。どうぞ焦らず、また途中で投げ出さず、瞑想に取り組んでください。

たとえば英会話を学ぶ時、たった1時間のレッスンを受けただけでは、英語を習得できませんね。少なくとも1年はレッスンに通い、実際に自分で話す練習を重ねなければ、英語を話せるようにはなりません。瞑想もこれと同じです。数回やって手応えがなかったからといって、早々とあきらめるのは残念すぎます。

新しい服を着る時、最初は何となくしっくりこないものですが、着ているうちになじんできます。瞑想を続けることは、新しい服を着るどころか、古い私を脱皮して、新しい自分を生きるという話です。時間をかけて、じっくり取り組む必要があるのです。

この入門書の最後となるこの章では、瞑想によって起こる変化について見ていきましょう。瞑想によって、あなたは日々変化していきます。瞑想での体験そのものも、刻々と変わっていきます。化学の実験のように新鮮で、驚きに満ちたものとなるでしょう。

慈悲をもって相手と向き合える

瞑想による変化が目に見えて現れるのが、人間関係と仕事です。

人間関係については、すでにお話ししてきましたね。瞑想を続けることで、私たちは先入観や偏見、過去の記憶から自由になり、目の前の相手と真っさらな気持ちで接することができるようになります。

これまで、あなたにとって周囲の人は、「自分の頭の中の映画の出演者」に過ぎませんでした。あなたは思い込みで人を判断し、相手の言動によって傷ついたり浮かれたりしてきました。つまり、周りの人たちを素材にして、自分で勝手に製作した映画を上映していたのです。

しかし、瞑想を続けると、映画そのものから出ることができます。

映画を上映しそうになった自分に気づき、プロジェクターのスイッチを切ることができるようになります。

そうすると、ハッとすることが起こります。これまで出会ってきたAさんやBさんが、まったくの別人となって、あなたの前に現れるのです。

もちろん、AさんやBさんが実際に変わってしまうわけではありません。あなたの見方そのものが、すっかり変わってしまうのです。

青空の中で相手と向かい合う時、あなたは本当の慈悲をもって、その人を見ることができるようになります。その時初めて、その人本来の姿が立ち上がってきます。

自分の能力を最大限に発揮し、新たな価値を生み出す

では、仕事に関してはどうでしょう。

瞑想を続けていくと、まず働くことに対するストレスが減っていきます。代わりに生まれるのが、仕事に対する意欲です。その結果、クリエイティブな力を発揮して、目の前の課題にあたることができるようになります。

「そんなに虫のいいことが起きるのだろうか」と、思うでしょうか。

でも私からすれば、当然のことです。

自分が雲だと思っている時は、映画の中にどっぷり浸っています。自分を肯定することができません。いつも人と自分を比較し、優越感と劣等感に揺さぶられ、悩まされます。「ここではないどこか」に憧れ、心は過去と未来を行ったり来たりしています。

そんな状態で、あなたは目の前の仕事に対して真剣に向き合えますか？ 新しい価値を生み出せますか？

青空であるあなたは、もう過去や未来に行くことはありません。人と自分を比較することもありません。

その時、雲に押さえつけられていたあなたの創造性が、息を吹き返します。

創造性を生かして働けるようになると、どんな分野の仕事であれ、それまでとは違う価値を生み出すことができるようになります。

新たな価値を生み出すことができれば、周囲の評価も得られるようになるでしょう。経済的な豊かさも当然ついてくるはずです。瞑想と経済は一見、距離があるように見えるかも知れませんが、実は大いに関係があるのです。

全体を把握し、正しい判断ができるようになる

もうひとつの変化が、常日頃、自分が置かれている状況を見る視点が広がり、洞察力が深まることです。

なぜ、私たちは判断ミスやケアレスミスをしてしまうのでしょう。それは、全体の状況を冷静に見渡すことができないからです。

普段、心は「今、ここ」でない場所に飛び、ネガティブな感情に振り回され、物事に対する認知がゆがみます。それで、不測の事態や緊急事態に陥った時、感情が揺れ動き、ストレスに突き動かされて、全体の状況をありのままに把握することができなくなります。

しかし瞑想を続けていれば、一時的に感情が動いたとしても、その感情からすぐ離れられるようになります。すると、心がスッと落ち着きます。そして、**自分を取り巻く環境を一瞬で客観的に見極め、もっとも適切で、もっとも賢明な判断ができる**のです。

地に足をつけ、自分の能力を最大限に発揮していくために、瞑想ほどあなたの力になる習慣はありません。

理不尽な運命に見舞われた時こそ、瞑想は助けになる

時折いただくご質問に、こんなものがあります。

「瞑想すれば、日常的には心の平穏が得られるかも知れません。でも、人生には、ひどい災難や理不尽な出来事が起こります。そんな時に、瞑想が役に立つのでしょうか」

はい、役立ちます。そんな時こそ瞑想してください。必ず、あなたの助けになります。

たしかに、世の中には、私たちの力ではどうしようもないことが起こります。

もっとも理不尽なことのひとつが、「大切な人の死」でしょう。

中でも、災害や犯罪、不慮の事故などによって、愛する人を突然亡くした経験は、人の心に深い傷を負わせます。その傷が消えることは一生ありません。

その時、悲しみに浸り、運命を呪って生きることもできます。大切な人の命を奪った

ものに対して恨みを抱き続け、「被害者」として生きる道もあります。しかしそのような時でさえも、被害者であり続ける必要はないのです。私たちは、自らの意志で、それをやめることができます。

「そんなことを言われても、この悲しみがおさまるわけがない。納得いかない！」という意見もあるでしょう。

たしかに、悲しみや怒りを乗り越えるのは、並大抵のことではありません。感情の嵐に飲み込まれて、シンキングマインドはどこまでも暴走し続けるはずです。また、心の暴走を正当化できる要素は、たくさんあります。

だからといって、そのまま暴走し続けた結果、傷つくのは誰でしょうか。他でもない自分自身です。

呼吸を手がかりとして、思いを手放す

そのような**深刻な状況だからこそ、自分自身で心の暴走を止めましょう。**

その手がかりとなるのが、呼吸です。呼吸は、命綱と言っていいかも知れません。呼

吸は船の碇であるというたとえもあります。

理不尽な出来事に翻弄され、立っていられないような暴風雨が心に吹き荒れる時、静かに坐って、呼吸に意識を向けてください。「考え」や「判断」に執着せず、ただ呼吸に気づいていてください。

このようにお話しすると、「では、ひどいことをした犯罪者でも、責めることなく無罪放免にしろということですか？」という質問が出ることがあります。

もちろん、決してそんなことはありません。法律を犯した犯罪者はきちんと裁かれ、刑を受けて罪を償うべきです。しかしそのことと、その人から受けた被害によって自分が苦しみ続けることとは違います。

自分を傷つけた犯罪者が重い罰を受ければ、自分は苦しみから解放される。あるいは、相手に謝罪させれば、気持ちが報われる。そう考えて、相手を責めれば責めるほど、心の中の嵐は激しくなります。怒りや悲しみは、燃えさかります。だから、恨みや怒りの映画をリプレイするのをやめて、呼吸に意識を向けるのです。

静かに坐り、呼吸に意識を向け、瞑想を始めましょう。呼吸が青空への橋渡しとなり、あなたは苦しみから解放されるでしょう。

「サザエさん症候群」にならない生き方

私が毎週末開いている瞑想の会で、度々お話ししてきたことがあります。

「瞑想を逃げ道にしない」ということです。

週末に瞑想して一時はスッキリしたものの、日曜の夜には、「ああ、明日からまた仕事か」と憂鬱になってしまう。これでは、映画が止まることもなければ、あなたの人生が変わることもありません。

瞑想で平和や穏やかさを体験しても、日常に戻ればつらい映画がまた始まる。その日常を忘れたくて瞑想する。再び苦しい日常に戻る……。このパターンは、週末にレジャーで気晴らしをして、平日はひたすら我慢の日々を送る人たちとまったく同じです。

せっかく新しい自分へと変わろうとしているのに、あまりにも悲しすぎませんか？

本当の意味で私たちが映画から解放された時、自分は青空であるという感覚が湧いてきます。すると、自分だけではなく、周囲にいる人たちも、この世界も、すべて青空だということがわかります。

その結果、どうなるか。自分を取り巻く日常に対して、あなたの心の持ちようがまったく変わります。週末に息抜きをして、平日を青息吐息でやり過ごす。そんな必要もなくなります。「サザエさん症候群」も「ブルーマンデー」も関係のない世界で、生きることができるようになるのです。

雑巾がけをするように、瞑想を続けてください。雑巾がけは、日々を気持ちよく過ごすためにおこなうことです。一度きれいになった部屋でも、雑巾がけを怠ればすぐホコリがたまりますね。しかし、続けるうちに床は磨かれ、ピカピカになっていきます。やがては、雑巾がけが、なくてはならない日常の一部になっていきます。

日常を大事にしながら、地に足をつけて瞑想を続けること。

これが、すべての基本です。あなたを安全に青空の世界へ導いていきます。

瞑想を続けていくと、生活の中で何が起きても巻き込まれることなく、どんな時も心穏やかに生きることができるようになります。それは、現実から逃げることなく、瞑想を続けることでしか実現しません。その基本を忘れないでください。

自分自身で、ダイレクトに自分を変える

私は、今の日本を「1億総みじめ時代」だと思っています。

「そこまで言わなくても」と思うかも知れません。また、「自分の毎日は、それほどひどくはない」と反論する人もいるでしょう。でも私が見る限り、大部分の人は、自分が頭の中で上映する映画に翻弄され、苦しんでいます。

今、多くの日本人が見ているのは、「人生はこんなものだからしょうがない」という映画です。心に違和感があっても、ほどほどの幸せで手を打ち、買い物や旅行などの「痛み止め」で気晴らしをして生きる。本当はスルーしてはいけない問題に気づかないふりをして、自分をごまかしながら日々を送る。素晴らしいものをすでに手にしているのに満たされず、次のものを欲しがる。これは、みじめ以外の何ものでもありません。

仏教は、欲や執着を手放し、あきらめることを説く宗教だとよく言われます。しかし

私からすると、世間の人々のほうがよほど人生をあきらめているように思えます。

瞑想とは、人生をあきらめないためにおこなうものです。

一見、どうにも解決できそうもないことに真っ直ぐ向かい合い、本当の解決を見出していく。それが仏教であり、その方法が瞑想です。

あなたがこの本を手に取った理由を思い出してください。あなたには「もう、自分をごまかしたくない」「本当の自分を探したい」という思いがあったのではないでしょうか。自分のみじめさに感づいていたから、瞑想に興味を持ったのではないでしょうか。

みじめである自分に、素直に気づいているからこそ希望があります。

私たちはすでに、自分の心そのものがみじめさの原因だと知りました。そして、暴れ馬である心を御していく方法も学びました。これからは、他人や自分の経済状態、社会環境に関係なく、自分自身でダイレクトに自分を変えていけます。

青空である本当の自分と出会えば、ついに、あなたの「自分探し」の旅は終わります。袋小路になった人生を変えるには、まったく新しいアイデンティティが必要です。その新たに発見したアイデンティティである「青空」として生きることが、我々に残された「最後の希望」だと私は思っています。

瞑想を続ける本当の理由

瞑想によって、人生がどう変わるのかを見てきました。しかし、これまでも書いてきたように、私たちはこれらの効用を追い求めて、瞑想をするわけではありません。

では、なぜ瞑想をするのか。それは、真理を追究するためです。

「いや、自分はそれほど大げさなことをやりたいわけじゃない。ただ、毎日を今より楽に過ごしたいだけだ」と思うかも知れませんね。

しかし、あなたがなぜ息苦しいと思いながら日々を過ごしてきたのか。そして、どうすれば本当に楽しいと思える人生に変わるのか。それを探求することこそ、真理を追究していくことです。そしてこの本では、まさにこのことについてお話ししてきました。

仏教では、このプロセスを四聖諦（ししょうたい）という教えで表しています。

苦諦（くたい）……一切は苦である
集諦（じったい）……苦には原因がある
滅諦（めったい）……苦の原因を滅することができる
道諦（どうたい）……苦の原因を滅する具体的な方法がある

この四聖諦を、今までお話ししてきたことと照らし合わせてみましょう。

苦諦……私たちは、悩みや苦しみを抱えながら生きている。そのことを、ごまかさずに認める
集諦……苦しみの原因は、私たちの心（シンキングマインド）そのものである
滅諦……シンキングマインドは、自分自身で手放していける
道諦……自分が青空であることを知り、瞑想を続けることで世界観が変わり、人生の苦しみが消える道がある

瞑想という化学実験を続けると、新たな「真理」がどんどん発見されていくでしょう。その真理は、あなた自身を変えるだけではありません。現実も変えていきます。

あなたが変われば、あなたが作っていた現実が変わらないはずがないのですから。

まずは信じて、行動を起こすことが大切

私には、「これが青空だよ」と、あなたの目の前に、手品のように取り出して見せることはできません。でも、こんなふうに考えてみてください。

たとえば、友人の家に遊びに行ったとします。あなたは応接間に通され、ソファに坐りました。その場所からは、応接間の中の様子しか見えません。ですから、たとえその家の2階に美しい絵が飾ってあったとしても、「見たことがないからそれはない」と主張できるでしょう。

友人は、もちろん2階に絵があることを知っているので、「そこの階段を上がって、奥の部屋のドアを開けて右側の壁を見てごらん」と教えてくれます。

その説明通り、ソファから立ち上がって2階に行けば、あなたは絵を見ることができるはずです。しかし、「実際にあるかどうかわからないから、ここにいる」とがんこに

坐ったままなら、その絵をたしかめることは永遠にできません。

もしそれまでに、たくさんの人から「その絵を見た」と聞いていたら、友人に促されたあなたは、さっさと2階へ行くでしょう。でも、これまで絵を見た人は残念ながら少ないとすると、信じられないのも仕方ありません。だからといって、絵が存在しないとは、言い切れないはずです。なぜ絵を見た人が少なかったのでしょうか？ それは、道案内が不十分だったからです。

「財宝」は、あなたの家の床下に埋まっている

もちろん、絵すなわち青空が存在するという私の言葉を盲信する必要はありません。

しかし、内なる体をゲートにして立ち現れる青空の世界は、何十年も俗世を離れたところで修行しなくても、実際に触れることのできるものです。今のあなたの生活の中で。出家して厳しい修行をする必要もなければ、瞑想の師を探してチベットやタイの奥地まで行くこともありません。

私自身は、長年抱き続けてきた「苦」の治療薬を見つけるために、禅宗の伝統の中で

20年近く坐禅修行を続けました。その間渡米したり、さらには、21世紀になってミャンマーの森にある僧院で4年間過ごしました。それでも決定的な薬は見つからず、世界各地を旅しました。

そこまでやってよかったと思うことは、「時間と労力をかけて遠くへ行っても意味はない」とわかったことです。なぜか。どこで何をしていても、私は「私」だからです。どんなに遠くへ移動しても、そこへ行くのは「この私」です。**シンキングマインドがフル回転している「私」が、どれだけ地球上を水平移動しても問題は解決しません。私の中を「垂直」に降りていったところにしか、青空はない**のです。

「財宝」は、あなたの家の床下に埋まっています。でも、埋まっていると知っているだけでは、それを手にすることはできません。

もし財宝が欲しければ、今すぐ畳を上げ、床材をはがし、自分自身の手で土を掘ってみなければなりません。しかし、この先何年も、がんばって掘り続けなければならないという話ではないのです。

財宝は、掘ったらすぐにでも出てきます。ただし、絶対外せない条件があります。それは、正しい場所を正しいやり方で掘ること。それが大切なのです。

青空は、常にあなたの中にある

この本の最後に、ぜひ次のことをお伝えしたいと思います。

瞑想という真理を発見する方法に出会った幸運を、大事にしていただきたいということです。

誤解しないで欲しいのですが、私は他の宗教を否定したいわけでも、仏教だけが真理を発見する方法だと言いたいわけでもありません。

ただ、さまざまなご縁がつながり、あなたはこの本を通して、お釈迦様自身が真理を発見した瞑想法に出会いました。これまで学んだことを無駄にせず、ぜひとも今後の人生に生かして欲しいのです。

お経の最初に必ず詠む「開経偈（かいきょうげ）」という短い偈（げ）（仏典の言葉を韻文にしたもの）があります。

無上甚深微妙法(むじょうじんじんみみょうのほう)
百千万劫難遭遇(ひゃくせんまんごうなんそうぐう)
我今見聞得受持(がこんけんもんとくじゅじ)
願解如来真実義(がんげにょらいしんじつぎ)

無上甚深微妙の法は、百千万劫にも遭(あ)い遇うこと難し、
我れ今、見聞し受持することを得たり、願わくは如来真実の義を解したてまつらん。

わかりやすく言うと、「長い年月をかけても会うことがむずかしい、この上なく素晴らしい仏法に、私は今出会うことができました。その真実を理解することができるよう願います」という意味です。

もっとかみ砕いて言うならば、「今大事なものに出会ったのだから、これから大事にしていきます」ということです。

大切なものをぞんざいに扱ったら、どうなるでしょう。それがもし人間関係であれば、

家族やパートナー、親しい友人を大事にしなかったら関係はすぐに悪化していきます。最悪の場合、その人との関係を失ってしまいます。

あなたは、「自分は瞑想を学びたいだけで、仏教そのものには興味がない」と言うかも知れません。

それでもいいのです。今日本に伝わっている既成の仏教ではなく、あなたは、お釈迦様が実践した真理発見の方法である瞑想に出会いました。

気づいてみると、ニッバーナを発見したお釈迦様と同じ道を、あなたは歩いているのです。それが幸運であることに変わりはありません。

私はこの本で、息苦しい牢獄から脱出して青空の世界に出る方法をお伝えしました。

今、青空への扉は開いています。この本の瞑想によって、あなたは長い間閉じ込められていた牢獄から出て、青空に広がるすがすがしい空気を吸うことができるでしょう。

その後、そのまま青空の世界に留まるのか、あるいは、また元の牢獄に戻ってしまうのか。それは、あなた次第です。

忘れないでください。**扉はいつも開いています。あなたは、いつでも光に満ちた青空の世界に行くことができるのです。なぜなら、あなた自身が青空だから**です。

おわりに

今、あなたはアフリカのサバンナにいます。見わたす限りの草原、ぎらぎら照りつける太陽。なんで自分はこんなところにいるのだろうと不思議に思っていると、何か向こうからものすごいスピードで迫ってくるものがあります。よく見ると、百獣の王、ライオンではないですか。

どうやらあなたを獲物として狙っているようだ。あわてて、全速力で逃げ始めますが、いかんせん走力が違い過ぎる。みるみるうちにお互いの距離は縮まってゆく。ああもう駄目だ。まさかライオンに食べられて人生を終えるなんてと、深い深い絶望の淵に沈んでいく。心臓はばくばく、息ははあはあ。

わぁっと気がつくと、自分のアパートの布団の上。なあんだ、夢だったのか。

まだ動悸は収まらない。でもようやく状況がつかめてきた。それにしても、いやな夢を見たな。ああでも、夢で良かった。サバンナも消え、ライオンもいなくなり、周りを見渡すと、いつもの見慣れた自分の部屋です。自分の体臭がしみこんだ布団にくるまりながら、心から安堵します。

この本の主要テーマである「本当の自分は、実は青空なのだ」と気づくとは、たとえて言えばこのようなものです。「アフリカのサバンナ」と「自分のアパートの一室」というふたつの世界は、まったく分断されています。

アフリカのサバンナでライオンに追いかけられる夢、という映画が自分の頭の中で上映されて、どんなに恐怖を感じ絶望しても、どうぞご安心ください、みなさんが実際にいるのは、追いかけるライオンも、追いかけられる自分もいない、自分のアパートの一室です。すべてが悪い夢、映画でした。

もちろん、ライオンに追いかけられて必死に全力で逃げるみなさんは、それが夢であることを知るよしもありません。その夢から自覚的に覚める方法こそ、

「本当の自分とつながる瞑想」です。この瞑想をすることで、この「悪夢」から覚めることができます。

それは、みなさんが思っているよりもずっと簡単なことです。なぜなら、みなさんはいつだって、「自分のアパート」にいたのだから。何もアフリカから日本まで飛行機に乗り、何万キロという長距離を何十時間もかけて移動する必要はありません。一瞬で場面が変わります。

悪夢から覚めたみなさんの前には、きらきらと輝く世界が広がっています。自分は「誰からも愛されないみじめな人間」だと思い込んでいたけれど、それは「ライオンに追いかけられている自分」のようなもの。つまり夢だった。思い込みだった。嘘だった。本当の自分は、もう何も心配することのない世界のなかで、すべての人と慈悲と愛で深くつながっていたのです。

どうかこの『本当の自分とつながる瞑想入門』で書かれたことを、ご自分で実践してみてください。新しい自分、新しい世界が始まります。

機会があれば、理解を深めるために、私が主宰している一法庵の坐禅会にも参加してみてください。

『本当の自分とつながる瞑想入門』は、たくさんの人の熱意によって誕生しました。この本を書くように強く勧めてくださったライターの江藤ちふみさんと、河出書房新社編集部の飯島恭子さん。どうもありがとうございました。おふたりとの長時間にわたる会話のなかから、この本は生まれてきました。世間で普通に生きている人が感じる「生きづらさ」をおふたりから伺い、私が示す処方箋が果たして有効なのかどうかを慎重に確かめながら、3人で編集作業を進めてきました。どうやら非常に有効であるという確信を感じながら。

デザインを担当された中島基文さん、イラストを描いてくださった深川優さん、ありがとうございました。瞑想の世界ののびやかさが見事に本という形になりました。

最後に、いつもながら一法庵のサンガのみなさんにも深く感謝いたします。みなさんから毎日いただくメールこそ、私の活動のもっとも有効なフィードバックになっています。この本のなかでも、そこかしこで「体験者の声」として生かされています。それを読み、瞑想が実際の人生をこんなにも力強く変えうるのだと、改めて実感できました。

どうか、この本によって、多くの人の「悪夢」が終わりますように。まったく新しい人生が始まりますように。そして「新しい世界」が始まりますように。

2015年11月3日　菊花の咲く頃

鎌倉一法庵　山下良道

山下良道（やました・りょうどう）

スダンマチャーラ比丘

1956年東京都生まれ。鎌倉一法庵住職。東京外国語大学仏語科卒業後、曹洞宗僧侶となる。1988年、アメリカのヴァレー禅堂で布教、のち京都曹洞禅センター、渓声禅堂にて坐禅指導を行う。2001年ミャンマーのパオ森林僧院にてテーラワーダ比丘となり、日本人として初めてパオ瞑想メソッドを修了。現在は鎌倉一法庵を拠点として、日本各地、インド、台湾などで坐禅瞑想指導を行う。現在の立場は、大乗とテーラワーダを統合した「ワンダルマ仏教僧」。著書に『青空としてのわたし』（幻冬舎）、藤田一照氏との共著『アップデートする仏教』（幻冬舎新書）。

一法庵公式サイト http://www.onedhamma.com/

本当の自分とつながる **瞑想入門**

2015年12月20日 初版印刷
2015年12月30日 初版発行

著者——山下良道
発行者——小野寺優
発行所——株式会社河出書房新社
〒151-0051 東京都渋谷区千駄ヶ谷2-32-2
電話（03）3404-8611［編集］
（03）3404-1201［営業］
http://www.kawade.co.jp/

ブックデザイン——中島基文
イラストレーション——深川優
DTP——中尾淳（ユノ工房）
編集協力——江藤ちふみ

印刷——株式会社亨有堂印刷所
製本——小泉製本株式会社

Printed in Japan ISBN978-4-309-27663-2